냥냥이랑 어휘로 사회 쓱

이은경, 안수정 지음

어휘 연습장

초등 3·1

　　학교는 재미있는데, 수업 시간은 좀 별로예요. 어렵고, 지루하고, 딱딱하고, 답답해요. 공부하기 싫어서 그런 것만은 아닌 것 같아요. '오늘은 열심히 해봐야지.', '나도 공부 잘하고 싶어.'라고 굳게 결심한 날에도 수업 시간은 여전히 어렵고, 지루하고, 딱딱하고, 답답하거든요.

　　대체 나는 왜 이럴까요? 혹시 이런 고민해 본 적 있나요?

　　수업 시간이 지루하고 힘들어서 빨리 끝나기만을 바라는 우리 친구들의 딱한 표정을 안타깝게 바라보던 냥냥이 친구들이 있었어요. 이 친구들이 모두 모여 오랜 시간 고민한 끝에 드디어 그 이유를 찾아냈지요. 범인은 바로, 교과서 속 어휘! 어휘를 모르니 내용을 이해할 수 없는 거였어요.

　　우리 친구들이 보는 교과서에는 도저히 무슨 뜻인지 알 수 없는 어휘들이 툭툭 자꾸 튀어나와요. 이제 막 공부라는 것에 도전하려는 우리 친구들에게는 교과서 본문 속 어휘들이 너무나 낯설게 느껴졌을 거예요.

어휘의 뜻만 미리 알고 있었다면 척척 이해되고 기억되었을 내용인데, 겨우 그것 때문에 지금껏 교과서와 친구가 되지 못했다니 억울할 지경이에요.

그래서 냥냥이 친구들이 '짠' 하고 이렇게 나타났어요. 공부를 열심히 해서 시험도 백 점 맞고 싶고, 나만의 소중한 꿈도 이루고 싶고, 오래 오래 기억될 훌륭한 사람이 되고 싶은 친구들을 위해 꼭 기억해야 할 어휘를 골라 설명해 주고, 숨은그림찾기, 끝말잇기, 색칠하기 등의 여러 가지 활동을 하면 새롭게 알게 된 어휘를 내 것으로 만들어 버릴 수 있어요.

이제 냥냥이가 이끄는 대로 즐겁게 한 발씩 따라가기만 하면 돼요. 그럼 자연스럽게 수업 시간이 만만하고, 즐겁고, 시간이 후딱 지나가는 제법 해볼 만한 도전이 될 거예요.

새롭고 힘찬 새학년의 시작을 응원하며
냥냥이 친구들이 🐾

이 책의 구성과 특징

어휘랑 놀자

03

1. 우리 고장의 모습

초 성 퀴 즈

사람이 많이 사는 지방이나 지역을 무엇이라고 할까요?

ㄱ ㅈ → ☐ ☐

깜빡한 어휘를 찾아라

🐾 냥냥이들이 이야기를 하다가 깜빡 잊어버린 어휘들이 있어요. 친구들이 문장에 어울리는 어휘를 찾아 줄까요?

오늘 아침에 먹은 ( ) 볶음이 정말 맛있었어.

• 고장

어제 우리 집 ( )이/가 알을 낳았어.

• 가지

우리 ( )의 인구가 점점 늘어나고 있대.

• 거위

정답 108쪽

길 찾기

🐾 알갓냥이 모르냥의 집에 놀러가기로 했어요. 모르냥이 그린 지도를 보고, 알갓냥이 모르냥의 집을 찾을 수 있도록 도와주세요.

냥냥이와 문장대결

🐾 '고장'이라는 어휘를 넣어 알갓냥과 문장 대결을 펼쳐 볼까요?

고장은 사람들이 모여 사는 곳이야.

해당 개념어를 사용한 냥냥이의 문장을 보고, 대결하듯이 나도 한 번 만들어 본다.

차례

어휘랑 놀자 01

초 성 퀴 즈

외국과 무역을 할 수 있게 항구를 열어 외국 선박의 출입을 허가하는 것을 무엇이라고 할까요?

ㄱ ㅎ → □ □

깜빡한 어휘를 찾아라

🐾 알갓냥이 사회 시간에 배운 어휘를 잊어버렸대요. 친구들이 □ 안에 들어갈 알맞은 어휘를 찾아 줄까요?

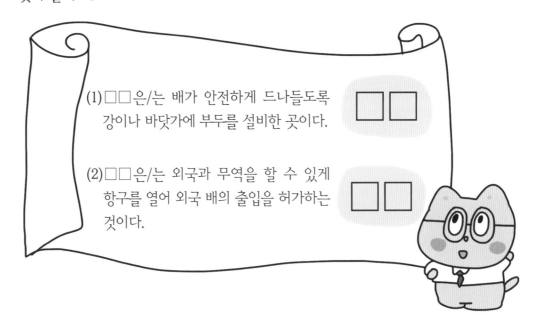

(1) □□은/는 배가 안전하게 드나들도록 강이나 바닷가에 부두를 설비한 곳이다.

□ □

(2) □□은/는 외국과 무역을 할 수 있게 항구를 열어 외국 배의 출입을 허가하는 것이다.

□ □

'개' 자로 시작하는 말은?

'개항'의 첫 글자인 '개' 자로 시작하는 어휘를 찾아보세요. "개~ 개~ 개 자로 시작하는 말~"

개항

개미

개나리

냥냥이와 문장대결 '개항'이라는 어휘를 넣어 괜찮냥과 문장 대결을 펼쳐 볼까요?

 우리나라는 개항 이후 많은 것들이 빠르게 변했어.

책이나 컴퓨터에서, 목적에 따라 필요한 자료들을 찾아내는 일을 무엇이라고 할까요?

개념 이해하기

🐾 다음의 설명이 맞으면 '맞다'에, 틀리면 '틀리다'에 ∨표 하세요.

책이나 컴퓨터에서
목적에 따라 필요한
자료들을 찾아내는 일을
검색이라고 한다.

☐ 맞다　☐ 틀리다

디지털 영상 지도
검색창에 찾고 싶은 장소를
입력하면 찾고 싶은 곳의
위치를 확인할 수 없다.

☐ 맞다　☐ 틀리다

인터넷에서 어떤 정보를
검색하기 위해 검색어를
입력하는 공간을 '유리창'
이라고 한다.

☐ 맞다　☐ 틀리다

모르는 어휘는
인터넷에서
검색할 수 있다.

☐ 맞다　☐ 틀리다

검색하고 싶은 주제는?

다음은 어떤 어휘에 대한 설명인지 쓰고, 자신이 검색하고 싶은 주제를 세 가지 써 보세요.

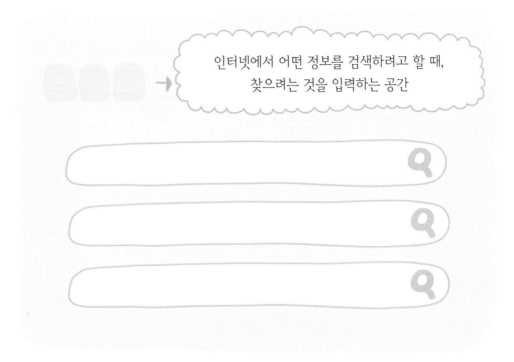

인터넷에서 어떤 정보를 검색하려고 할 때,
찾으려는 것을 입력하는 공간

냥냥이와 문장대결

'검색'이라는 어휘를 넣어 알갓냥과 문장 대결을 펼쳐 볼까요?

난 인터넷에서 고양이에 대해 검색했어.

어휘랑 놀자 03

초성 퀴즈

사람이 많이 사는 지방이나 지역을 무엇이라고 할까요?

ㄱ ㅈ ➡ ☐ ☐

깜빡한 어휘를 찾아라

냥냥이들이 이야기를 하다가 깜빡 잊어버린 어휘들이 있어요. 친구들이 문장에 어울리는 어휘를 찾아 줄까요?

오늘 아침에 먹은 (　　　) 볶음이 정말 맛있었어.　　•　　•　고장

어제 우리 집 (　　　)이/가 알을 낳았어.　　•　　•　가지

우리 (　　　)의 인구가 점점 늘어나고 있대.　　•　　•　거위

길 찾기

알갓냥이 모르냥의 집에 놀러가기로 했어요. 모르냥이 그린 지도를 보고, 알갓냥이 모르냥의 집을 찾을 수 있도록 도와주세요.

냥냥이와 문장대결 '고장'이라는 어휘를 넣어 알갓냥과 문장 대결을 펼쳐 볼까요?

고장은 사람들이 모여 사는 곳이야.

13

어휘랑 놀자 04

초 성 퀴 즈

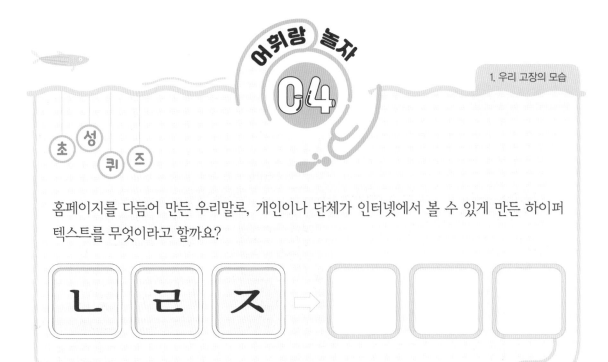

홈페이지를 다듬어 만든 우리말로, 개인이나 단체가 인터넷에서 볼 수 있게 만든 하이퍼 텍스트를 무엇이라고 할까요?

ㄴ ㄹ ㅈ →

머라냥의 금고를 열어라

머라냥의 금고를 열기 위해서는 아래에 놓인 카드들 중 누리집에 대한 바른 설명이 적혀 있는 카드의 숫자 3개를 순서대로 입력해야 한대요. 친구들이 머라냥의 소중한 물건이 담긴 금고의 비밀번호를 찾아 주세요.

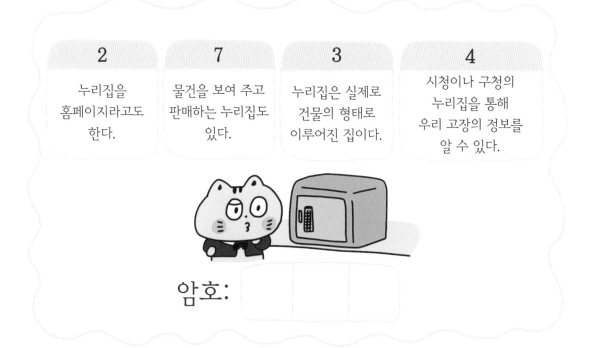

2	7	3	4
누리집을 홈페이지라고도 한다.	물건을 보여 주고 판매하는 누리집도 있다.	누리집은 실제로 건물의 형태로 이루어진 집이다.	시청이나 구청의 누리집을 통해 우리 고장의 정보를 알 수 있다.

암호:

정답 109쪽

끝말잇기

🐾 냥냥이들이 끝말잇기 게임을 하고 있어요. 중간에 빠진 글자를 찾아볼까요?

냥냥이와 문장대결

🐾 '누리집'이라는 어휘를 넣어 어쩌냥과 문장 대결을 펼쳐 볼까요?

 나는 시청 누리집에 들어가서 사회 숙제를 했어.

어휘랑 놀자 05

초성 퀴즈

자율 항법 장치에 의하여 자동 조종되거나 무선 전파를 이용하여 원격 조종되는 무인 비행 물체를 무엇이라고 할까요?

ㄷ ㄹ ⇒ ☐ ☐

받고 싶은 선물은 뭘까요?

다음은 머라냥이 어린이날 선물로 받고 싶은 선물 목록이에요. 머라냥은 ☐ 안에 들어갈 선물을 가장 받고 싶대요. 어떤 선물인지 친구들이 맞혀 볼까요?

자전거
까닭: 친구들과 공원에서 함께 타고 싶어서

까닭: 나 대신 하늘을 마음껏 나는 모습을 보면 자유롭기도 하고 동영상 촬영도 할 수 있어서

스마트폰
까닭: 구형이라 게임할 때 버벅거려서

책 3권
까닭: 좋아하는 시리즈의 신간이 나와서

드론을 의미하는 6글자가 아래 그림에 숨어 있어요. 해당되는 글자가 들어 있는 칸을 노란 색으로 칠하고 답을 써 보세요.

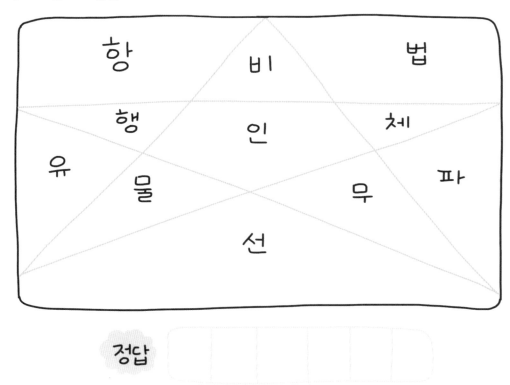

정답

냥냥이와 문장대결   '드론'이라는 어휘를 넣어 예쁘냥과 문장 대결을 펼쳐 볼까요?

드론이 축구 경기하는 모습을 찍고 있어.

17

어휘랑 놀자 06

초 성 퀴 즈

인공위성이나 비행기에서 찍은 사진이나 영상으로 만든 지도를 무엇이라고 할까요?

ㄷ ㅈ ㅌ ㅇ ㅅ ㅈ ㄷ

⇨ ☐ ☐ ☐ ☐ ☐ ☐ ☐

어휘 찾기

🐾 다음 글자판에서 '인공위성이나 비행기에서 찍은 사진이나 영상으로 만든 지도'라는 뜻을 가진 어휘를 찾는 중이에요. 각각의 글자판에서 한 글자씩 찾아 ○표 한 후 아래에 찾은 어휘를 쓰세요.

누	지	집	일	안	생	활
(디)	리	집	영	인	공	위
인	공	위	성	일	내	(도)
공	자	누	수	(상)	실	제
위	긍	리	신	명	지	요
성	심	털	호	자	율	주

디   상   도

색칠하기

바른 설명이 쓰인 돌만 밟아야 배를 탈 수 있대요. 모르냥이 배를 탈 수 있도록 도와주세요.

냥냥이와 문장대결

'디지털 영상 지도'라는 어휘를 넣어 괜찬냥과 문장 대결을 펼쳐 볼까요?

 내일 여행 갈 곳을 디지털 영상 지도에서 미리 찾아보았어.

19

어휘랑 놀자 07

초성퀴즈

목적으로 삼는 곳을 무엇이라고 할까요?

| ㅁ | ㅈ | ㅈ | → | | | |

생일 초대장 완성하기

다음은 알갓냥이 냥냥이 친구들에게 준 생일 초대장이에요. 그런데 알갓냥의 집 호수는 문제를 풀어야 알 수 있다고 해요. 아래 설명 중 바른 것의 번호를 오른쪽 방향으로 순서대로 적으세요.

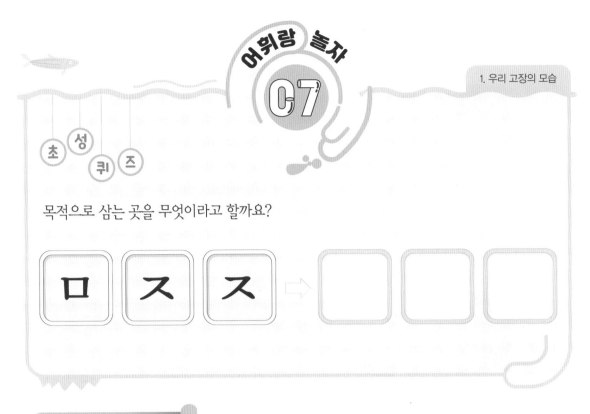

초대장

냥냥이 친구들 안녕?
내 생일파티에 너희들을 초대하고 싶어.
우리 집은 호수공원 앞에 있는 호수 아파트
102동 ◯◯◯◯ 호야.

HAPPY BIRTH DAY!

① 냥냥이 친구들의 목적지는 알갓냥의 집이다.

⑤ 목적지와 행선지는 비슷한 말이다.

② 부모님께 행선지를 말할 필요는 없다.

⓪ 길도우미는 목적지까지 가는 길을 알려 준다.

③ 택시를 타면 목적지를 말하지 않아도 된다.

④ 비행기를 타면 목적지까지 빠르게 갈 수 있다.

알갓냥의 집은 ◯◯◯◯ 호

어휘 확장하기

여러분이 가고 싶은 목적지는 어디인가요? 가고 싶은 목적지와 그곳에 가고 싶은 까닭을 써 보세요. 목적지가 여러 곳이라면 가지를 더 그려서 쓰세요.

냥냥이와 문장대결 '목적지'라는 어휘를 넣어 어쩌냥과 문장 대결을 펼쳐 볼까요?

 비행기를 탔더니 내 자리 모니터에서 목적지까지의 거리와 시간을 볼 수 있었어.

 _____

어휘랑 놀자

08

초 성 퀴 즈

지형의 기본적인 윤곽만을 그려 놓고, 다른 세부적인 것은 직접 기록할 수 있도록 한 지도를 무엇이라고 할까요? 산, 강, 큰길 따위의 밑그림만 그려져 있는 지도를 말해요.

ㅂ ㅈ ㄷ → ☐ ☐ ☐

선으로 연결하기

모르냥이 백지도와 디지털 영상 지도를 잘 구분하지 못하고 있어요. 설명에 알맞은 것을 찾아 선으로 이어 주세요.

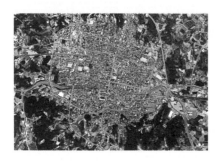

인공위성이나 비행기에서 찍은
사진이나 영상으로 만든다.

산, 강, 큰길 따위의 밑그림만
그려져 있다.

백지도

디지털 영상 지도

깜빡한 어휘 찾기

🐾 백지도에 대한 바른 설명을 찾아볼까요? 설명이 바른 도형의 글자를 모으면 예쁘냥이 깜빡한 어휘를 찾을 수 있어요.

백지도는 밑그림만 그려져 있는 하얀 지도이다.

도

백지도에는 산, 강, 큰길 따위가 그려져 있다.

백

백지도에는 지역 이름, 기호, 색깔 따위가 표시되어 있다.

디

백지도를 이용하면 나만의 지도를 그릴 수 있다.

지

아하! 내가 찾는 어휘는 ( )(이)야.

냥냥이와 문장대결

🐾 '백지도'라는 어휘를 넣어 어쩌냥과 문장 대결을 펼쳐 볼까요?

내가 좋아하는 장소만 백지도에 표시할 거야.

어휘랑 놀자

09

초성퀴즈

사실의 경우나 형편을 무엇이라고 할까요?

ㅅ ㅈ ⇒ ☐ ☐

알맞게 사용한 냥냥이는?

🐾 다음 중 '실제'를 알맞게 사용한 냥냥이는 누구인가요?

꿈속에서 친구를 만나는 상황을 실제라고 해.

실제와 실시간은 비슷한 말이야.

이야기 상상하기를 실제라고 해.

알갓냥

괜찮냥

예쁘냥

어쩌냥

난 축구장에서 좋아하는 축구 선수를 실제로 보았어.

정답 ☐ ☐ ☐

원반 끝말잇기

체육 시간에 원반을 밟고 건너는 놀이를 하고 있어요. 원반을 밟으며 끝말잇기 게임을 해 볼까요?

냥냥이와 문장대결

'실제'라는 어휘를 넣어 모르냥과 문장 대결을 펼쳐 볼까요?

내가 좋아하는 가수를 실제로 보니 설레더라.

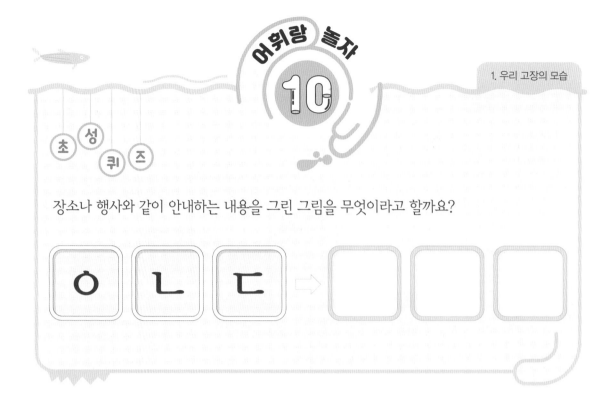

어휘랑 놀자
10

초 성 퀴 즈

장소나 행사와 같이 안내하는 내용을 그린 그림을 무엇이라고 할까요?

ㅇ ㄴ ㄷ →

개념 이해하기

다음 중 안내도에 대한 설명이 바르지 <u>않은</u> 책에 ×표 하세요.

미술관을 갈 때는 안내도가 있으면 편리하다.

안내도는 딱 한 가지만 있다.

지난 주말에 가족과 함께 등산 안내도를 보고 등산을 했다.

장소나 행사와 같이 안내하는 내용을 그린 그림을 안내도라고 한다.

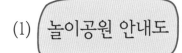

선으로 연결하기

다음의 안내도를 이용하는 알맞은 상황을 선으로 이어 보세요.

(1) 놀이공원 안내도

(2) 과학관 안내도

(3) 미술관 안내도

(4) 등산 안내도

㉠ 이것을 보고 과학관 관람을 하면 좋다.

㉡ 등산을 하기에 적합한 길을 알려 준다.

㉢ 놀이기구의 종류와 위치를 알 수 있어 놀이기구를 타는 순서를 미리 정할 수 있다.

㉣ 미술 작품을 관람하기 좋다.

냥냥이와 문장대결 '안내도'라는 어휘를 넣어 괜찬냥과 문장 대결을 펼쳐 볼까요?

 박물관 안내도를 보고 관람 순서를 미리 정하면 좋아.

어휘랑 놀자 11

초성퀴즈

일정한 곳에 자리를 차지하는 것을 무엇이라고 할까요?

| ㅇ | ㅊ | ⇒ | | |

보물찾기

🐾 냥냥이 친구들이 보물찾기를 하고 있어요. '일정한 곳에 자리를 차지함'이란 뜻을 가진 어휘를 찾으면 선물을 받을 수 있대요. 선물을 받을 수 있는 냥냥이에게 ○표 하세요.

위성

자리

위치

자두

초성 퀴즈

🐾 주어진 초성을 보고 어휘 만들기 놀이를 하고 있어요. 친구들의 어휘 실력은 얼마나 풍부한지 알아볼까요? 할 수 있는 만큼 빈칸을 채워 보세요.

위치

ㅇㅊ

냥냥이와 문장대결

🐾 '위치'라는 어휘를 넣어 머라냥과 문장 대결을 펼쳐 볼까요?

 너희 집 위치를 알려 줄래?

어휘랑 놀자 12

초 성 퀴 즈

지구 따위의 행성 둘레를 돌도록 로켓을 이용하여 쏘아 올린 인공의 장치를 무엇이라고 할까요? 통신, 관측 따위에서 다양한 일을 하는 장치예요.

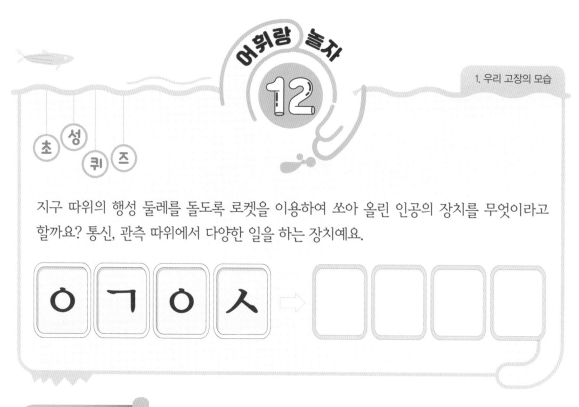

ㅇ ㄱ ㅇ ㅅ ⇨ ☐ ☐ ☐ ☐

사다리 완성하기

🐾 다음은 우주에서 움직이는 물체들이에요. 가로줄 하나를 추가하여 각각의 설명에 맞는 물체와 연결된 사다리를 만들고, ☐ 안에 들어갈 알맞은 글자를 쓰세요.

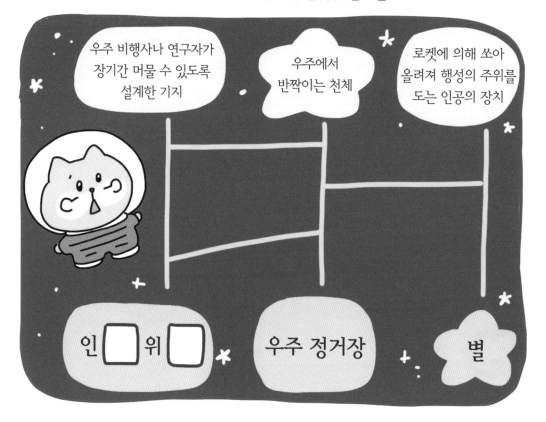

우주 비행사나 연구자가 장기간 머물 수 있도록 설계한 기지

우주에서 반짝이는 천체

로켓에 의해 쏘아 올려져 행성의 주위를 도는 인공의 장치

인 ☐ 위 ☐

우주 정거장

별

사행시 완성하기

친구들의 센스를 알아보는 시간이에요. '인공위성'을 가지고 재미있고, 의미 있는 사행시를 완성해 보세요.

인	인사를 잘하고
공	
위	
성	

냥냥이와 문장대결

'인공위성'이라는 어휘를 넣어 알갓냥과 문장 대결을 펼쳐 볼까요?

다른 나라에서 열리는 올림픽 경기를 생중계로 볼 수 있는 건 인공위성이 있기 때문이야.

어휘랑 놀자

13

초 성 퀴 즈

주되고 중요함을 무엇이라고 할까요?

ㅈ ㅇ ➡ ☐ ☐

적절한 어휘 찾기

다음 문장에 더 잘 어울리는 어휘에 ○표 하세요.

(1) 우리 고장의 (주요, 중요) 장소를 찾아보는 것은 사회 시간의
(주요, 중요) 공부이다.

(2) 이 이야기의 (주요, 중요) 인물은 예쁘냥이다.

(3) 나의 (주요, 중요) 놀이터는 우리 집 앞 공원이다.

(4) 나는 교과서의 (주요, 중요)한 부분에 줄을 그으
면서 공부한다.

개구리 어휘 놀이

🐾 '주요' 어휘를 붙인 개구리가 선 따라 수련 잎을 옮겨다니며 놀고 있어요. '주요'와 어울리는 어휘를 작은 수련잎에 쓰고, 그것을 더한 어휘는 큰 수련잎에 쓰세요.

냥냥이와 문장대결
🐾 '주요'라는 어휘를 넣어 예쁘냥과 문장 대결을 펼쳐 볼까요?

 콩주가 이 책의 주요 인물이야.

_____

_____

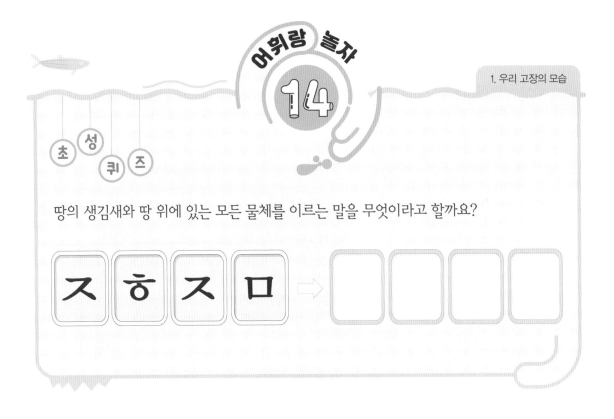

어휘랑 놀자 14

초 성 퀴 즈

땅의 생김새와 땅 위에 있는 모든 물체를 이르는 말을 무엇이라고 할까요?

ㅈ ㅎ ㅈ ㅁ →

계단 어휘 찾기

모르냥이 오르려는 계단에 속담이 써 있어요. 다음에서 '땅의 생김새와 땅 위에 있는 모든 물체를 이르는 말'을 뜻하는 네 글자를 찾아 쓰세요. (단, 한 계단에 한 글자씩 아래쪽부터 고르세요.)

출발

우물에 가서 숭늉 찾는다.

백지장도 맞들면 낫다.

형만 한 아우 없다.

지렁이도 밟으면 꿈틀한다.

색칠하기

다음 그림에서 '지형지물'을 찾아 초록색으로 칠하세요. 색을 다 칠하면 어떤 모양이 되나요?

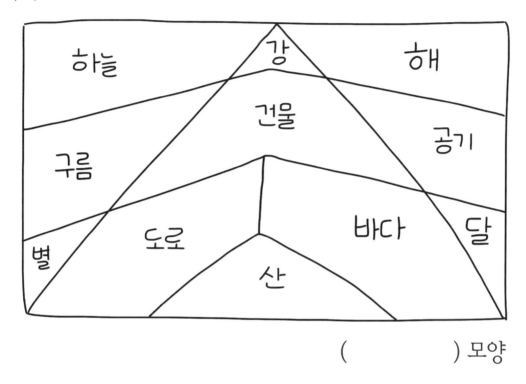

(　　　　　　) 모양

냥냥이와 문장대결

'지형지물'이라는 어휘를 넣어 알갓냥과 문장 대결을 펼쳐 볼까요?

 난 우리 고장의 지형지물 중에서 놀이공원이 제일 좋아.

어떤 사실이나 소식 따위를 알아내기 위하여 사람이나 장소를 찾아가는 것을 무엇이라고 할까요?

개념 이해하기

냥냥이들이 휴양림 탐방을 갔어요. 그런데 휴양림 입구의 팻말에 써 있는 퀴즈를 풀어야 휴양림 탐방 안내도를 받을 수 있대요. '탐방'을 사용한 팻말의 설명이 맞으면 '맞다'에, 틀리면 '틀리다'에 ∨표 하세요.

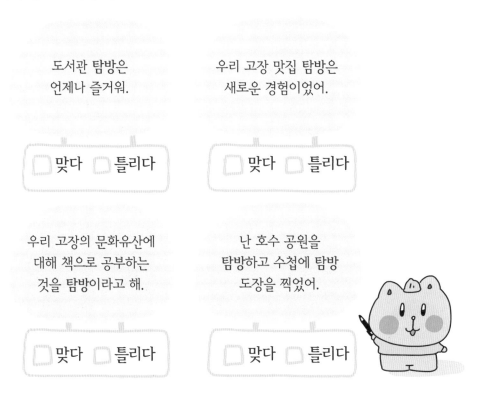

도서관 탐방은 언제나 즐거워.
☐ 맞다 ☐ 틀리다

우리 고장 맛집 탐방은 새로운 경험이었어.
☐ 맞다 ☐ 틀리다

우리 고장의 문화유산에 대해 책으로 공부하는 것을 탐방이라고 해.
☐ 맞다 ☐ 틀리다

난 호수 공원을 탐방하고 수첩에 탐방 도장을 찍었어.
☐ 맞다 ☐ 틀리다

탐방 계획서 만들기

내가 탐방하고 싶은 장소를 3곳 정하고, 그곳에서 탐방할 것들을 생각하며 써 보세요.

고장 탐방 계획서

탐방할 장소	탐방할 것들

냥냥이와 문장대결   '탐방'이라는 어휘를 넣어 어쩌냥과 문장 대결을 펼쳐 볼까요?

 난 방송국을 탐방했어.

_____

_____

어휘랑 놀자 16

초 성 퀴 즈

본래부터 가지고 있는 특유한 것을 무엇이라고 할까요?

ㄱ ㅇ ⇒ ☐ ☐

꽃잎 완성하기

🐾 '고유'의 뜻이 바르게 적혀 있거나 알맞게 사용된 꽃잎은 빨간색, 그렇지 <u>않은</u> 꽃잎은 분홍색으로 칠하세요.

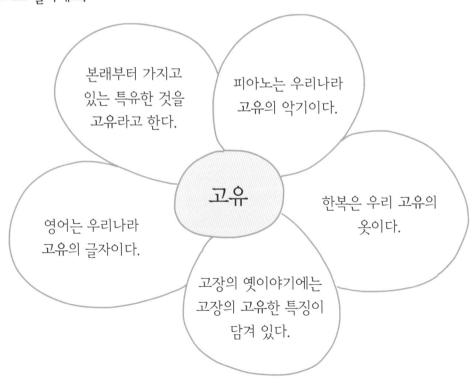

본래부터 가지고 있는 특유한 것을 고유라고 한다.

피아노는 우리나라 고유의 악기이다.

고유

한복은 우리 고유의 옷이다.

영어는 우리나라 고유의 글자이다.

고장의 옛이야기에는 고장의 고유한 특징이 담겨 있다.

어울리지 않는 어휘 고치기

다음 일기글에 어울리지 <u>않는</u> 어휘가 하나 있어요. 그 어휘를 찾아 어울리는 어휘로 고쳐 쓰세요.

○월 ○일 ○요일   날씨: 맑음

제목: 경복궁 답사

냥냥이 친구들과 경복궁 답사를 위해 경복궁 앞에서 친구들을 만났다. 너무 설렜다.

각자 무엇을 준비해 왔는지 얘기를 했는데, 머라냥은 수첩과 볼펜, 사진기 따위의 꼭 필요한 답사 준비물 대신 음료수, 초콜릿, 과자, 사탕 같은 먹을 것만 가방에 담아 와서 한바탕 웃었다.

경복궁은 조선 시대 임금님이 살던 곳으로, 거대하고 웅장한 멋진 궁궐이었다. 경복궁에는 우리나라 보통의 멋이 살아 있고, 우리 조상들의 전통을 느낄 수 있었다.

한국인으로서 자긍심을 느낄 수 있는 하루였고, 친구들과 함께 한 답사라서 더욱 즐거웠다.

정답

냥냥이와 문장대결

'고유'라는 어휘를 넣어 괜찬냥과 문장 대결을 펼쳐 볼까요?

 우리나라 고유의 글자인 한글이 자랑스러워.

39

어휘랑 놀자 17

초 성 퀴 즈

현장에 가서 직접 보고 조사하는 것을 무엇이라고 할까요?

ㄷ ㅅ → ☐ ☐

어휘를 알려 줘!

🐾 칠판에 적힌 뜻을 가진 어휘를 바르게 답한 냥냥이는 누구인가요?

'현장에 가서 직접 보고 조사하는 것'

사탕   정답   답장   답사

모르냥   머라냥   예쁘냥   괜찮냥

40

길 찾기

어쩌냥은 경복궁으로 답사를 갔어요. 어쩌냥이 답사를 할 때 주의점을 지키면서 바르게 답사할 수 있게 도와주세요.

답사할 때 문화유산을 만져도 된다.

사진 촬영을 하면 안 되는 곳에서는 조사 할 대상을 그리거나 글로 쓴다.

답사갈 때는 필기도구, 수첩, 사진기, 휴대전화 따위가 필요하다.

설명을 집중해서 듣고 장난치지 않는다.

출발

답사 끝! ♬

경복궁 도착

냥냥이와 문장대결

'답사'라는 어휘를 넣어 알갓냥과 문장 대결을 펼쳐 볼까요?

난 내일 박물관으로 답사를 갈 거야.

41

어휘랑 놀자

18

초 성 퀴 즈

서로 만나서 이야기하는 것을 무엇이라고 할까요?

ㅁ ㄷ → ☐ ☐

색칠하기

🐾 면담에 대한 설명이 바른 사과는 빨간색, 바르지 <u>않은</u> 사과는 초록색으로 칠하세요.

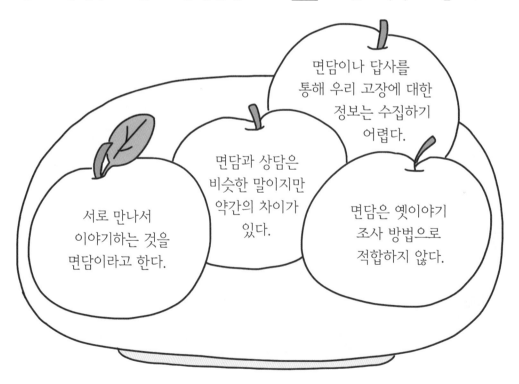

면담이나 답사를 통해 우리 고장에 대한 정보는 수집하기 어렵다.

면담과 상담은 비슷한 말이지만 약간의 차이가 있다.

서로 만나서 이야기하는 것을 면담이라고 한다.

면담은 옛이야기 조사 방법으로 적합하지 않다.

면담하고 싶은 사람은?

여러분은 누구와 면담을 하고 싶나요? 알갓냥처럼 면담하고 싶은 사람과 그 사람과 면담하고 싶은 까닭을 써 보세요.

면담하고 싶은 사람

까닭

교장
선생님

우리 학교의 궁금한 점에 대해
물어보고 싶어서

냥냥이와 문장대결 '면담'이라는 어휘를 넣어 어쩌냥과 문장 대결을 펼쳐 볼까요?

 난 우리 고모께서 하시는 일을 조사하기 위해 고모를 면담했어.

어휘랑 놀자

19

초 성 퀴 즈

어떤 지방의 이름난 사물을 무엇이라고 할까요?

| ㅁ | ㅁ | ⇒ | | |

생일 선물은 뭘까요?

머라냥이 이번 생일에 받은 선물 중 '어떤 지방의 이름난 사물'이 가장 인상 깊었다고 해요.
다음 중 가장 인상 깊었던 선물이 무엇이었는지 쓰세요.

□□있는
동화책

□□
모자

우리 고장의 □□
호떡!

올해 □□하는
티셔츠

정답

우리 고장 명물은?

🐾 냥냥이들이 각자 자기 고장의 명물을 자랑하고 있어요. 그런데 모르냥은 우리 고장의 명물을 알고 싶대요. 모르냥에게 우리 고장의 명물을 알려 주세요.

냥냥이와 문장대결 🐾 '명물'이라는 어휘를 넣어 괜찮냥과 문장 대결을 펼쳐 볼까요?

 갈비는 우리 고장의 명물이야.

어휘랑 놀자

20

초 성 퀴 즈

형상이나 형체가 없음을 무엇이라고 할까요?

ㅁ   ㅎ   ➡   ☐   ☐

공통 어휘 찾기

🐾 다음은 머라냥이 예쁘냥과 함께 민속촌에 다녀와서 쓴 일기예요. (   ) 안에 공통으로
들어갈 알맞은 어휘를 쓰세요.

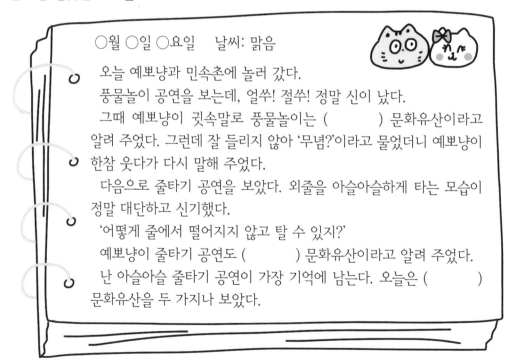

○월 ○일 ○요일   날씨: 맑음

오늘 예쁘냥과 민속촌에 놀러 갔다.
풍물놀이 공연을 보는데, 얼쑤! 절쑤! 정말 신이 났다.
그때 예쁘냥이 귓속말로 풍물놀이는 (   ) 문화유산이라고
알려 주었다. 그런데 잘 들리지 않아 '무념?'이라고 물었더니 예쁘냥이
한참 웃다가 다시 말해 주었다.
다음으로 줄타기 공연을 보았다. 외줄을 아슬아슬하게 타는 모습이
정말 대단하고 신기했다.
'어떻게 줄에서 떨어지지 않고 탈 수 있지?'
예쁘냥이 줄타기 공연도 (   ) 문화유산이라고 알려 주었다.
난 아슬아슬 줄타기 공연이 가장 기억에 남는다. 오늘은 (   )
문화유산을 두 가지나 보았다.

(   )

개념 이해하기

🐾 다음 상자 안에 어휘 공들이 들어 있어요. 무형 문화유산이 적힌 공을 찾아 ○표 하세요.

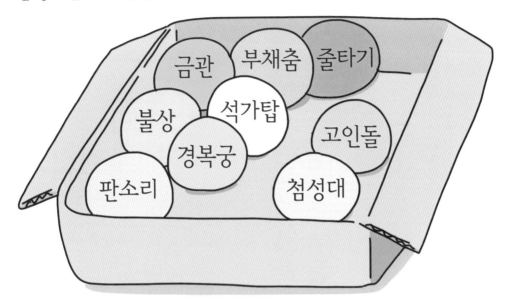

냥냥이와 문장대결 🐾 '무형'이라는 어휘를 넣어 예쁘냥과 문장 대결을 펼쳐 볼까요?

 탈춤은 우리의 무형 문화유산이야.

어휘랑 놀자 21

초 성 퀴 즈

우리 조상들로부터 전해 내려온 문화 중에서 다음 세대에게 물려줄 만한 가치가 있는 것을 무엇이라고 할까요?

    ㅁ ㅎ ㅇ ㅅ ⇨ ☐ ☐ ☐ ☐

뒷글자를 알려 줘!

 문화유산에 대해 열심히 공부한 냥냥이들. 그래도 깜빡깜빡 생각나지 않는 어휘들이 있다고 해요. 문장을 완성할 수 있도록 □ 안에 들어갈 알맞은 뒷글자를 알려 주세요.

- 옛날부터 전해 내려온 문화 중 다음 세대에 전해 줄 만한 ❶가□이/가 있는 것을 문화유산이라고 한다.

- 세계 문화유산이란 ❷유네□□에서 세상 사람 모두를 위해 보호해야 할 보편적 ❶가□이/가 있다고 인정한 문화유산을 말한다.

정답 : ❶가 ☐   ❷유네 ☐☐

글자탑 완성하기

다음은 글자들이 써 있는 글자탑이에요. 이 글자탑에서 '우리 조상들로부터 전해 내려온 문화 중에서 다음 세대에게 물려줄 만한 가치가 있는 것'을 뜻하는 네 글자의 어휘를 찾아 탑 꼭대기에 쓰세요. (단, 한 층에 한 글자씩 아래에서부터 찾아 ○표 하세요.)

산뜻하게 하루를 시작해요.

여유있게 바람도 쐬면서

화사한 햇빛을 받으며

창문을 열고

냥냥이와 문장대결

'문화유산'이라는 어휘를 넣어 어쩌냥과 문장 대결을 펼쳐 볼까요?

 우리나라에는 세계적으로 인정받은 문화유산이 많아.

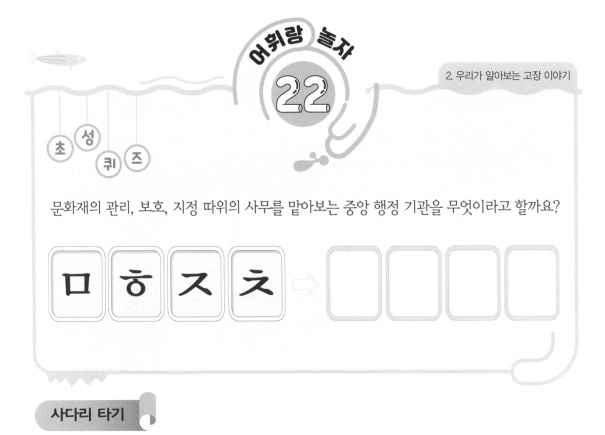

초성퀴즈

문화재의 관리, 보호, 지정 따위의 사무를 맡아보는 중앙 행정 기관을 무엇이라고 할까요?

ㅁ ㅎ ㅈ ㅊ ⇒ ☐ ☐ ☐ ☐

사다리 타기

냥냥이들과 함께 네 글자 중 한 글자를 골라 사다리를 타고 내려가서 도착한 곳의 문제를 풀어 보세요.

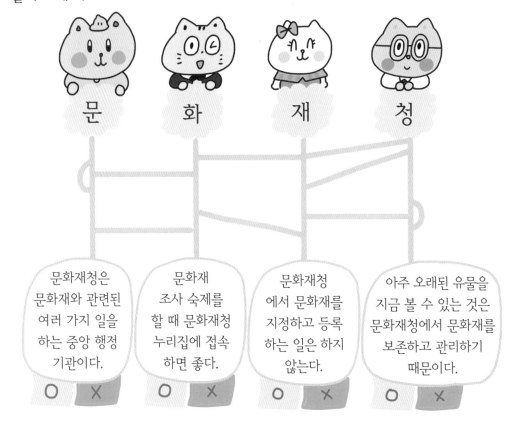

문 화 재 청

문화재청은 문화재와 관련된 여러 가지 일을 하는 중앙 행정 기관이다.
O X

문화재 조사 숙제를 할 때 문화재청 누리집에 접속 하면 좋다.
O X

문화재청 에서 문화재를 지정하고 등록 하는 일은 하지 않는다.
O X

아주 오래된 유물을 지금 볼 수 있는 것은 문화재청에서 문화재를 보존하고 관리하기 때문이다.
O X

정답 113쪽

뜻을 더하는 말-청

'청(廳)'은 '사무를 맡아보는 행정 기관'을 뜻하는 덧붙이는 말이에요. '문화재청'과 같이 '청'이 덧붙여진 말을 더 찾아볼까요?

문화재	+	청	=	문화재청
	+	청	=	
	+	청	=	
	+	청	=	

냥냥이와 문장대결 '문화재청'이라는 어휘를 넣어 모르냥과 문장 대결을 펼쳐 볼까요?

옛날 문화재를 지금도 볼 수 있는 것은 문화재청에서 관리를 잘 하기 때문이야.

51

어휘랑 놀자 23

초 성 퀴 즈

예로부터 민간에 전하여 내려오는 이야기를 무엇이라고 할까요?

ㅁ ㄷ → ☐ ☐

길 찾기

🐾 ○, × 문제를 풀면서 길을 따라가 보세요.

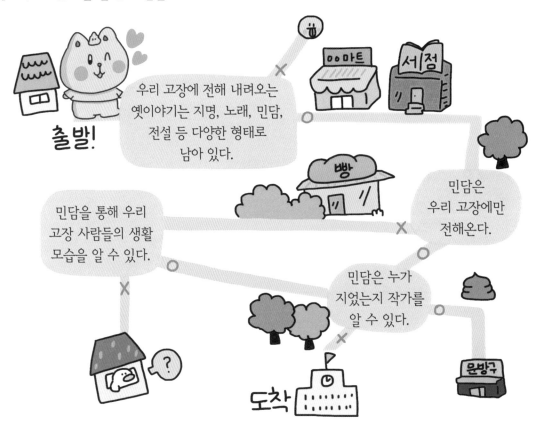

출발!

우리 고장에 전해 내려오는 옛이야기는 지명, 노래, 민담, 전설 등 다양한 형태로 남아 있다.

민담은 우리 고장에만 전해온다.

민담을 통해 우리 고장 사람들의 생활 모습을 알 수 있다.

민담은 누가 지었는지 작가를 알 수 있다.

도착

'담' 자가 들어간 어휘 만들기

🐾 '담' 자가 들어간 어휘 만들기 놀이를 하고 있어요. 친구들의 어휘 실력은 얼마나 풍부한지 알아볼까요? 할 수 있는 만큼 빈칸을 채워 보세요.

냥냥이와 문장대결 🐾 '민담'이라는 어휘를 넣어 예쁘냥과 문장 대결을 펼쳐 볼까요?

 우리 고장에는 재미있고 신기한 민담이 전해지고 있어.

_____

_____

어휘랑 놀자

24

초 성 퀴 즈

어떤 사물이나 일이 생겨나는 것을 무엇이라고 할까요?

ㅇ ㄹ → ☐ ☐

비슷한 말 찾기

🐾 다음 중 '유래'와 비슷한 말이 적힌 어휘 풍선을 들고 있는 냥냥이는 누구인가요?

우유

기원

기차

기타

알갓냥　　　예쁘냥　　　괜찮냥　　　어쩌냥

정답 113쪽

십자말풀이

🐾 냥냥이들이 낸 문제를 풀어 십자말풀이의 빈칸을 채워 볼까요?

가로 열쇠	세로 열쇠
❷ 아이들이 가지고 노는 물건들	❶ 사람이 많이 사는 지방이나 지역
❹ 뜻밖에 일어난 불행한 일(예 교통○○)	❸ 고맙게 여김
❻ 어떤 사물이나 일이 생겨남	❺ 본래부터 가지고 있는 특유한 것

❶ 고				
❷		❸ 감		
		❹	❺	
			❻ 유	

냥냥이와 문장대결

🐾 '유래'라는 어휘를 넣어 머라냥과 문장 대결을 펼쳐 볼까요?

직접 와서 살펴보니 우리 고장 지명의 유래가 더 잘 이해된다.

_____

어휘랑 놀자 25

초성퀴즈

형상이나 형체가 있는 것을 무엇이라고 할까요?

ㅇ ㅎ → ▢ ▢

시장에 가면 놀이

모르냥과 괜찮냥은 박물관에 가기로 했어요. 박물관에서 볼 수 있는 유형 문화유산을 생각하면서 '시장에 가면' 놀이를 완성해 보세요.

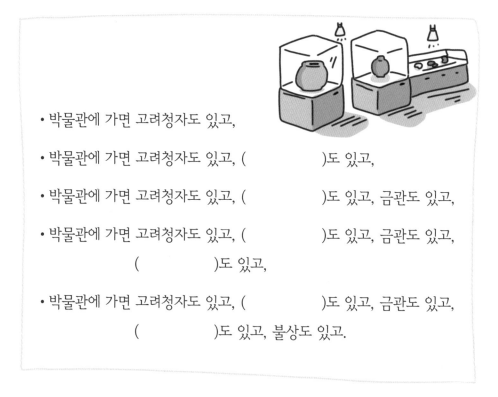

- 박물관에 가면 고려청자도 있고,

- 박물관에 가면 고려청자도 있고, (   )도 있고,

- 박물관에 가면 고려청자도 있고, (   )도 있고, 금관도 있고,

- 박물관에 가면 고려청자도 있고, (   )도 있고, 금관도 있고,
  (   )도 있고,

- 박물관에 가면 고려청자도 있고, (   )도 있고, 금관도 있고,
  (   )도 있고, 불상도 있고.

미로 찾기

🐾 유형 문화유산을 찾으면 미로를 빠르게 빠져나올 수 있대요. 먼저 유형 문화유산에 ○표
한 뒤, 길을 찾아보세요.

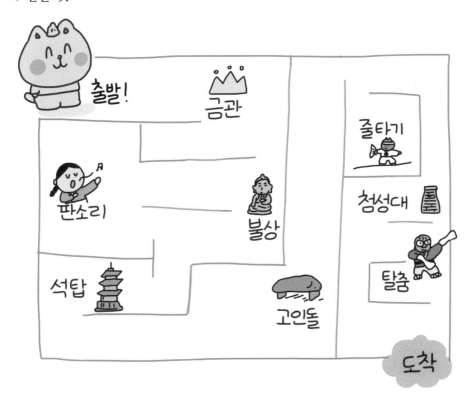

냥냥이와 문장대결

🐾 '유형'이라는 어휘를 넣어 모르냥과 문장 대결을 펼쳐 볼까요?

유형 문화유산에는 건축물, 책, 공예품 같은 것들이 있어.

_____

_____

어휘랑 놀자

26

초성 퀴즈

자기 스스로 자랑스럽게 생각하는 마음을 무엇이라고 할까요?

ㅈ ㄱ ㅅ ⇒ ☐ ☐ ☐

공통 어휘 찾기

🐾 냥냥이들이 고장 문화유산의 특징과 가치를 조사하여 소개 자료를 만들었어요. 다음 냥냥
이들의 대화에 공통으로 사용된 어휘를 찾아 쓰세요.

우리 고장 문화유산의 특징과 가치를 조사하니 고장에 대한 ( )이/가 느껴져.

우리 고장에 이런 문화유산이 있었다니….

( )이/가 무슨 뜻이야?

( )은/는 자기 스스로 자랑스럽게 생각하는 마음이야.

( )와/과 자부심은 비슷한 말이지.

이렇게 또 배우네. 고마워, 친구들.

그런데 난 우리 소개 자료에서 ( )을/를 느낄 수가 없다.

뭐든 예쁜 게 중요하지 않겠어?

정답 ☐ ☐ ☐

다섯 고개 놀이

🐾 냥냥이 친구들이 '마음과 관련된 말'에 대해 다섯 고개 놀이를 하고 있어요. 다음 다섯 고개
의 정답은 무엇일까요?

정답은 (   )(이)야.

정답!

냥냥이와 문장대결 🐾 '자긍심'이라는 어휘를 넣어 예쁜냥과 문장 대결을 펼쳐 볼까요?

 올림픽에서 우리 선수들이 멋진 경기를 하는 모습에서 자긍심이 느껴졌어.

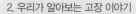

인간 생활에 영향을 미치는 자연의 모든 요소가 이루는 환경을 무엇이라고 할까요?

ㅈ ㅇ ㅎ ㄱ ➡ ☐ ☐ ☐ ☐

노트북의 비밀번호를 찾아라!

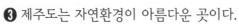

모르냥의 노트북에는 비밀번호가 걸려 있어요. 다음은 비밀번호를 풀 수 있는 힌트예요. 모르냥이 비밀번호를 풀 수 있도록 도와주세요. (바른 설명의 번호를 순서대로 적으면 노트북의 비밀번호예요.)

힌트 :

❶ 자연환경은 인간 생활에 영향을 미치는 자연의 모든 요소가 이루는 환경이다.

❷ 햇빛, 공기, 물, 산, 들, 강, 바다 따위는 인문환경이다.

❸ 제주도는 자연환경이 아름다운 곳이다.

❹ 놀이터, 놀이공원은 자연환경이다.

❺ 동식물 같은 생물들도 자연환경이다.

❻ 우리는 자연환경을 잘 가꾸고 보호해야 한다.

비밀번호:

공통 글자 찾기

다음 빙고 칸 가운데에 공통으로 들어가는 글자를 찾아 적어 주세요. 그리고 각각의 글자를 합하면 어떤 어휘가 되는지 쓰세요.

자랑	자주	자동차
한자		자전거
남자	여자	자동

연필	연주	연습
연구		연기
공연	금연	연상

환영	환갑	환자
교환		전환
환율	환전	순환

경주	경찰	경치
구경		안경
풍경	경기도	경상도

정답 | | | |

냥냥이와 문장대결

'자연환경'이라는 어휘를 넣어 괜찮냥과 문장 대결을 펼쳐 볼까요?

울릉도는 자연환경이 정말 아름다운 곳이야.

61

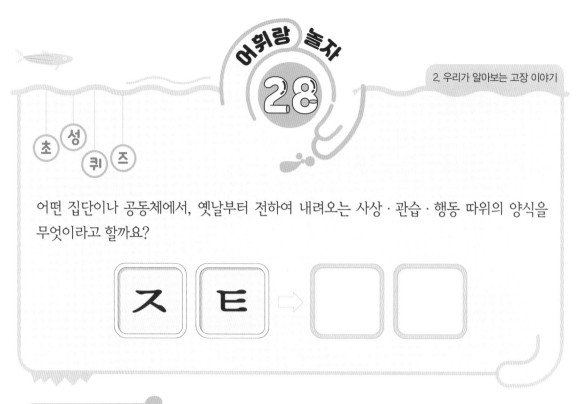

어휘랑 놀자 28

초 성 퀴 즈

어떤 집단이나 공동체에서, 옛날부터 전하여 내려오는 사상 · 관습 · 행동 따위의 양식을 무엇이라고 할까요?

ㅈ ㅌ →

현관문을 열어라!

머라냥이 현관 비밀번호의 마지막 숫자를 잊었어요. 친구들이 전통에 대한 바른 설명을 찾아 머라냥 집 현관 비밀번호의 마지막 숫자를 색칠해 주세요.

2	피아노는 우리나라 전통 악기이다.
4	라면은 전통 음식이다.
7	윷놀이는 삼국 시대 이전 부터 했던 전통 놀이이다.
9	스마트폰 게임은 전통 놀이이다.

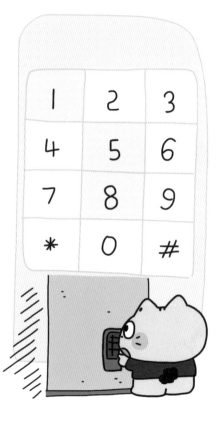

정답 114쪽

알맞게 사용한 냥냥이는?

🐾 다음 중 '전통'을 바르게 사용한 냥냥이는 누구인가요?

알갓냥

전통문화는 그 나라에서 발생하여 전해 내려오는 고유한 문화야.

괜찬냥

민속촌이나 박물관에서 전통문화는 체험할 수 없어.

예뽀냥

보드게임은 우리나라의 전통 놀이야.

모르냥

축구장에 가면 전통문화를 체험할 수 있어.

정답 ⬜⬜⬜

냥냥이와 문장대결

🐾 '전통'이라는 어휘를 넣어 어쩌냥과 문장 대결을 펼쳐 볼까요?

 윷놀이는 옛날부터 전해 내려오는 전통 놀이야.
_____

_____

초성퀴즈

마을이나 지방, 산이나 강, 지역 따위에 붙여진 이름을 무엇이라고 할까요?

ㅈ ㅁ → ☐ ☐

난 무엇일까요?

🐾 냥냥이들이 '난 무엇일까요?' 놀이를 하고 있어요. 모르냥이 설명하는 것은 무엇인지 맞혀 보세요.

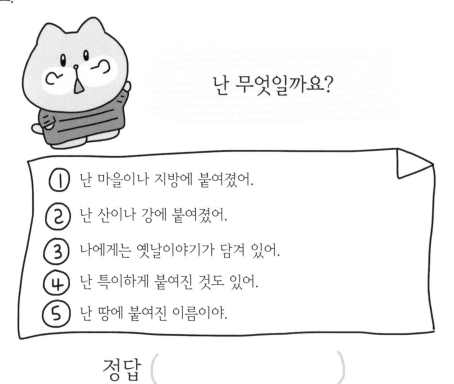

난 무엇일까요?

① 난 마을이나 지방에 붙여졌어.

② 난 산이나 강에 붙여졌어.

③ 나에게는 옛날이야기가 담겨 있어.

④ 난 특이하게 붙여진 것도 있어.

⑤ 난 땅에 붙여진 이름이야.

정답 (   )

선으로 연결하기

우리나라에는 재미있는 지명들이 많아요. 다음 지명에 어울리는 뜻을 찾아 선으로 이어 주세요.

(1) 장승배기   ㄱ 효자가 살았던 마을

(2) 효자동   ㄴ 향교가 있었던 마을

(3) 향교리   ㄷ 장승이 있었던 마을

(4) 양지촌   ㄹ 햇볕이 잘 드는 양지쪽 마을

냥냥이와 문장대결

'지명'이라는 어휘를 넣어 알갓냥과 문장 대결을 펼쳐 볼까요?

지명에는 옛날이야기가 담겨 있대.

_____

_____

어휘랑 놀자 30

초 성 퀴 즈

풍속과 습관을 아울러 이르는 말을 무엇이라고 할까요?

| 프 | ㅅ | ⇒ | | |

개념 이해하기

🐾 다음의 설명이 맞으면 '맞다'에, 틀리면 '틀리다'에 ∨표 하세요.

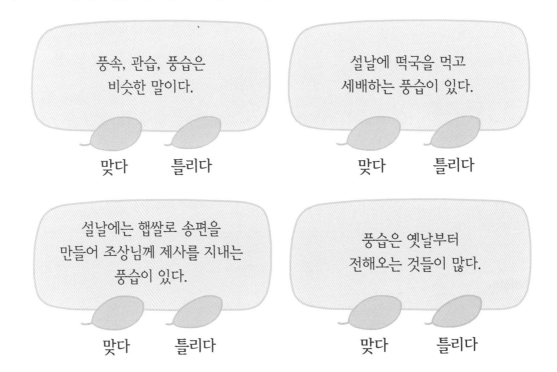

풍속, 관습, 풍습은
비슷한 말이다.

맞다　　틀리다

설날에 떡국을 먹고
세배하는 풍습이 있다.

맞다　　틀리다

설날에는 햅쌀로 송편을
만들어 조상님께 제사를 지내는
풍습이 있다.

맞다　　틀리다

풍습은 옛날부터
전해오는 것들이 많다.

맞다　　틀리다

66

비슷한 말 찾기

다음에서 '풍습'을 찾고, '풍습'과 비슷한 말을 두 개 더 찾아 ○표 하세요.

자	긍	심	지	명
민	풍	무	형	물
면	담	속	유	고
유	훼	탐	형	관
래	손	방	풍	습

냥냥이와 문장대결

'풍습'이라는 어휘를 넣어 모르냥과 문장 대결을 펼쳐 볼까요?

설날에 떡국을 먹고 세배를 드리는 풍습이 있어.

초 성 퀴 즈

헐거나 깨뜨려 못 쓰게 만드는 것을 무엇이라고 할까요?

ㅎ ㅅ → ☐ ☐

캠페인 문구 쓰기

다음과 같은 신문 기사를 읽고 캠페인을 하려고 해요. 팻말에 '훼손'이란 말을 넣은 캠페인 문구를 써 보세요.

관심에서 사라진 △△암각화 훼손 심각

△△암각화가 마른 이끼에 뒤덮인 채 제대로 보존되지 못하고 있다. △△암각화를 보존하기 위한 대책이 필요하다.

서약서 쓰기

훼손되고 사라져 가는 우리 문화유산이 무척 많아요. 이러한 문화유산을 복원하기 전에 먼저 지키려고 노력하는 자세가 중요하겠죠? 우리 다 함께 문화유산 지킴이 서약서를 써 보아요.

문화유산 지킴이 서약서

나 (　　　　　)은/는 문화유산 지킴이로서
다음과 같이 노력할 것을 약속합니다.

첫째, 문화유산을 답사할 때 함부로 만지지 않겠습니다.

둘째, _____

_____

셋째, _____

_____

냥냥이와 문장대결

'훼손'이라는 어휘를 넣어 머라냥과 문장 대결을 펼쳐 볼까요?

공원에 있는 운동기구나 벤치를 훼손하지 않아야 해.

_____

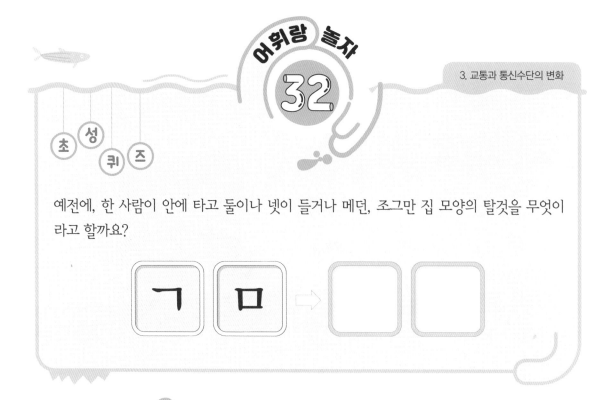

어휘랑 놀자 32

초성퀴즈

예전에, 한 사람이 안에 타고 둘이나 넷이 들거나 메던, 조그만 집 모양의 탈것을 무엇이라고 할까요?

ㄱ ㅁ → ☐ ☐

난 무엇일까요?

🐾 냥냥이들이 '난 무엇일까요?' 놀이를 하고 있어요. 머라냥이 설명하는 것은 무엇인지 맞혀 보세요.

난 무엇일까요?

❶ 나는 옛날 교통수단이야.
❷ 나는 움직이는 작은 집이야.
❸ 나는 처음에 높은 신분의 양반들만 이용했어.
❹ 나는 옛날 신부가 시집을 갈 때 탔었대.
❺ 나와 비슷한 '가여'라는 것도 있어.

정답 ☐ ☐

숫자 연결하기

숫자 순서대로 선을 연결하면 보이는 것의 이름을 쓰세요.

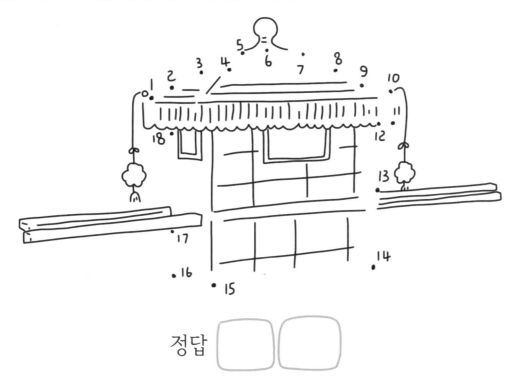

정답 ☐ ☐

 냥냥이와 문장대결   '가마'라는 어휘를 넣어 예쁘냥과 문장 대결을 펼쳐 볼까요?

 옛날 배경의 드라마에서 여자 주인공이 가마를 탔어.

_____

_____

어휘랑 놀자 33

초 성 퀴 즈

비행장에서 비행기가 뜨고 내리는 것을 지시하고 비행장 안을 통제하는, 탑처럼 생긴 높은 건물을 무엇이라고 할까요?

ㄱ ㅈ ㅌ ⇒ ☐ ☐ ☐

색칠하기

🐾 다음 중 바른 내용이 적혀 있는 열기구만 뜰 수 있대요. 바른 내용이 적힌 열기구를 찾아 색칠하세요.

공항에는 탑처럼 생긴 관제탑이라는 높은 건물이 있다.

관제탑은 전체를 잘 볼 수 있는 위치에 있다.

관제탑은 바다가 있는 항구에서 볼 수 있다.

관제탑에서 비행기가 뜨고 내리는 것을 지시하고 통제한다.

명탐정 냥냥이

🐾 냥냥이들이 제주도에 가기 위해 공항에 왔어요. 명탐정 냥냥이가 되어 관제탑을 찾아 ○표
하세요.

냥냥이와 문장대결 🐾 '관제탑'이라는 어휘를 넣어 알갓냥과 문장 대결을 펼쳐 볼까요?

 관제탑에서 비행기가 뜨고 내리는 것을 지시해.

서로 다른 개인, 지역, 나라 사이에서 물건이나 기술, 문화, 종교, 사상 따위를 서로 주고 받는 것을 무엇이라고 할까요?

ㄱ ㄹ ⇒ ☐ ☐

첫말잇기

🐾 끝말잇기 말고 첫말잇기 한번 해 볼까요?

교류!

음…,

제법인걸?
교과서!

그렇다면 나는

교실!

적절한 어휘 찾기

냥냥이들이 낚시를 하고 있어요. 다음 문장에 알맞은 어휘 물고기를 찾아 연결한 뒤 문장을 완성해 주세요.

우리가 필리핀산 망고를 먹을 수 있는 건 외국과의 (   ) 때문이야.

새로 산 옷이 작아서 (   ) 했어.

BTS는 음악을 통해 다른 나라와 (   ) 교류를 하고 있어.

교환   종교   제작   교류   문화

냥냥이와 문장대결

'교류'라는 어휘를 넣어 괜찬냥과 문장 대결을 펼쳐 볼까요?

 우리는 미국과의 교류를 통해 오렌지를 먹을 수 있어.

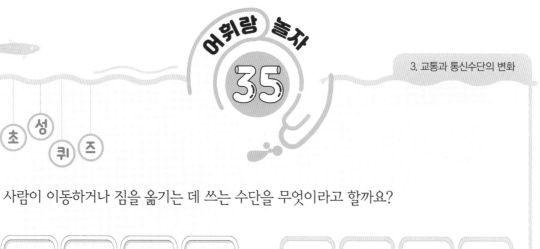

어휘랑 놀자
35

초성퀴즈

사람이 이동하거나 짐을 옮기는 데 쓰는 수단을 무엇이라고 할까요?

ㄱ ㅌ ㅅ ㄷ ⇒ ☐ ☐ ☐ ☐

사다리 타기

다음의 교통수단으로 갈 수 있는 곳을 알아보고, 빈칸에 들어갈 알맞은 어휘를 쓰세요.

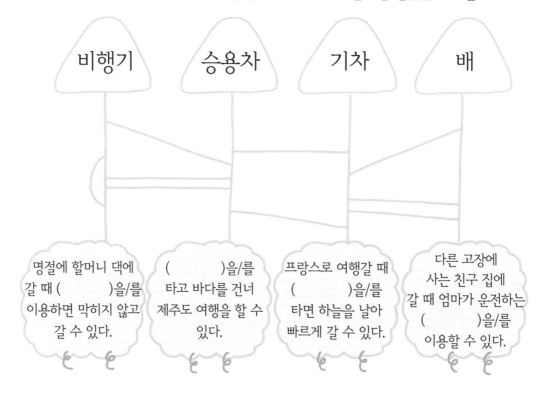

비행기 승용차 기차 배

명절에 할머니 댁에 갈 때 (　　　　)을/를 이용하면 막히지 않고 갈 수 있다.

(　　　　)을/를 타고 바다를 건너 제주도 여행을 할 수 있다.

프랑스로 여행갈 때 (　　　　)을/를 타면 하늘을 날아 빠르게 갈 수 있다.

다른 고장에 사는 친구 집에 갈 때 엄마가 운전하는 (　　　　)을/를 이용할 수 있다.

노래 가사 바꾸기

🐾 교통수단을 떠올리며 노래 가사를 바꾸어 볼까요?

우리 서로	학교길에	만나면	만나면

⬇

우리 주변	교통수단	무엇이	있을까

웃는 얼굴 하고	인사 나눕시다	얘들아	안-녕

⬇

비행기가 있어	빠르게 이동해	하늘을	난-다

냥냥이와 문장대결

🐾 '교통수단'이라는 어휘를 넣어 어쩌냥과 문장 대결을 펼쳐 볼까요?

경복궁에 다녀올 때 이용한 교통수단은 전철이야.

어휘랑 놀자

36

초 성 퀴 즈

선로가 한 가닥인 철도를 무엇이라고 할까요?

ㅁ ㄴ ㄹ ㅇ ⇒ ☐ ☐ ☐ ☐

색칠하기

🐾 다음에서 '모노레일'과 관계있는 내용은 빨간색으로, 관계없는 내용은 노란색으로 칠하
세요.

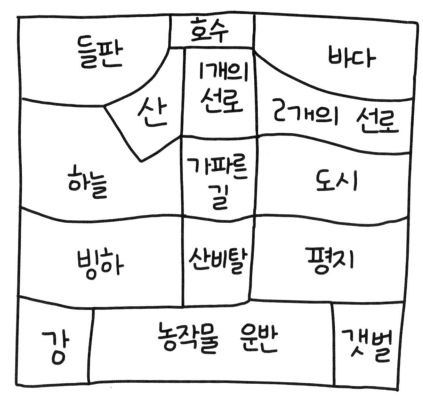

어휘를 알려 줘!

🐾 다음은 예쁘냥이 모노레일에 대해 정리한 내용이에요. 예쁘냥의 정리가 완벽해지도록
□ 안에 들어갈 알맞은 어휘를 쓰세요.

모노레일

• 선로가 하나인 ❶ □□

• 산이 험한 고장에서 사용하는 특별한 ❷ □□ 수단

• 주로 ❸ □□들이 농작물 수확이나 농사 도구
  운반 따위에 이용

냥냥이와 문장대결 🐾 '모노레일'이라는 어휘를 넣어 모르냥과 문장 대결을 펼쳐 볼까
요?

 맛있는 과일을 가득 실은 모노레일이 오고 있어.

 _____

어떤 일을 널리 알리기 위하여 사람들이 다니는 길거리나 많이 모이는 곳에 써 붙이는 글을 무엇이라고 할까요?

숫자 퍼즐

🐾 주어진 숫자에 알맞은 색을 칠하여 숨어 있는 어휘를 찾아보세요.

3	3	3	3	3	3	3
2	1	2	1	2	1	2
2	1	1	1	2	1	1
2	1	2	1	2	1	2
2	1	1	1	1	2	1	2
2	2	2	2	2	2	2
2	2	1	1	1	2	2
2	1	2	2	2	1	2
3	3	1	1	1	3	2
3	3	3	3	3	3	3

1: 초록
2: 노랑
3: 파랑

숨어 있는 어휘

80

같은 어휘, 다른 뜻

다음은 같은 어휘를 쓰지만 뜻이 다른 경우예요. 그림에 어울리는 예문을 읽고, (   ) 안에 공통으로 들어갈 알맞은 어휘를 □ 안에 쓰세요.

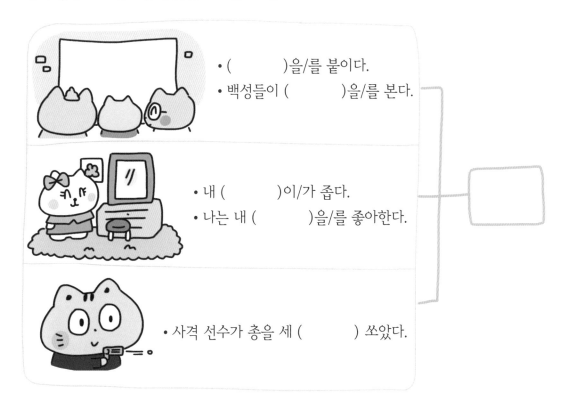

- (   )을/를 붙이다.
- 백성들이 (   )을/를 본다.

- 내 (   )이/가 좁다.
- 나는 내 (   )을/를 좋아한다.

- 사격 선수가 총을 세 (   ) 쏘았다.

냥냥이와 문장대결 '방'이라는 어휘를 넣어 어쩌냥과 문장 대결을 펼쳐 볼까요?

 옛날에는 나라에서 방을 붙여 백성들에게 소식을 알렸대.

초 성 퀴 즈

고려·조선 시대에, 밤에는 횃불, 낮에는 연기를 올려 국경 지역에서 발생하는 병란이나 사변(전쟁)을 중앙에 알리던 통신 제도를 무엇이라고 할까요?

ㅂ ㅅ ➡ ☐ ☐

벌집 모양 끝말잇기

🐾 한 줄 끝말잇기만 하면 심심하잖아요. 앞말도 이어 보고, 끝말도 두 개, 세 개씩 이어 볼 까요?

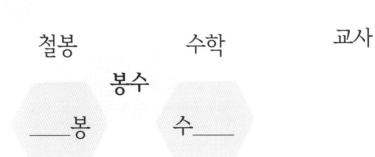

철봉　　　수학　　　　교사

봉수

___봉　　　수___

봉수대의 개수 알기

다음 ( ) 안에 들어갈 알맞은 어휘를 쓰고, 상황에 맞는 개수의 봉수대에 색칠하세요.

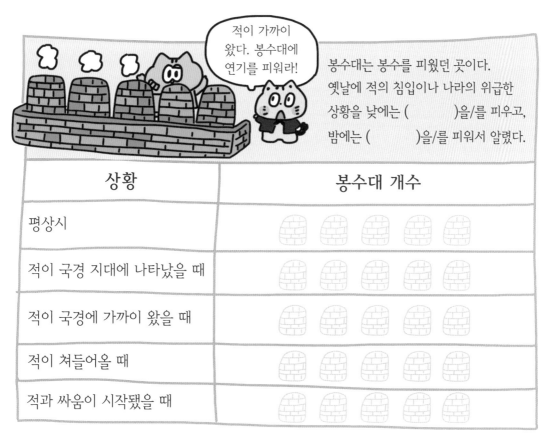

> 적이 가까이 왔다. 봉수대에 연기를 피워라!

봉수대는 봉수를 피웠던 곳이다. 옛날에 적의 침입이나 나라의 위급한 상황을 낮에는 ( )을/를 피우고, 밤에는 ( )을/를 피워서 알렸다.

상황	봉수대 개수
평상시	
적이 국경 지대에 나타났을 때	
적이 국경에 가까이 왔을 때	
적이 쳐들어올 때	
적과 싸움이 시작됐을 때	

냥냥이와 문장대결

'봉수'라는 어휘를 넣어 괜찬냥과 문장 대결을 펼쳐 볼까요?

우리 고장에는 봉수가 있었던 봉수대가 있어.

_____

_____

어휘랑 놀자 39

초 성 퀴 즈

안부나 소식 따위를 적어 보내는 글을 무엇이라고 할까요?

ㅅ ㅊ →

어울리지 않는 어휘 고치기

다음은 알갓냥이 타임머신을 타고 조선 시대에 가서 쓴 서찰이에요. 이 서찰에 어울리지 <u>않는</u> 어휘를 하나 찾아 조선 시대에 어울리는 어휘로 고쳐 주세요.

부모님께

그동안 잘 지내셨습니까?
저는 한양에서 무탈하게 잘 지내고 있습니다.
지난 과거 시험을 본 후 부족함을 느끼고
공부를 더 열심히 하고 있습니다.
그런데 기쁜 소식이 전해졌습니다.
별 기대를 안 했었는데, 좀 전에 합격 편지를 받았습니다.
이 기쁜 소식을 빨리 전하고자 합격 편지를 쓰게 되었습니다.
곧 찾아뵙겠습니다. 그때까지 안녕히 계세요.

알갓냥 올림

→

말풍선을 완성하라!

🐾 다음 상황에 '서찰'이라는 어휘를 넣어 말풍선을 채워 주세요.

냥냥이와 문장대결 🐾 '서찰'이라는 어휘를 넣어 모르냥과 문장 대결을 펼쳐 볼까요?

 옛날 사람들은 서찰을 보내 소식을 전했대.
_____

 _____

85

어휘랑 놀자 40

초 성 퀴 즈

손으로 하는 신호를 무엇이라고 할까요?

| ㅅ | ㅅ | ㅎ | → | | | |

휴대 전화번호 뒷자리 알아맞히기

머라냥이 휴대 전화번호를 알려 주면서 뒷자리 3자리를 알아맞혀 보래요. 수신호에 대한 바른 내용의 번호를 순서대로 적어 보세요.

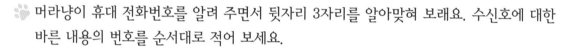

머라냥
010-2468-1□□□

3	잠수부는 물속에서 수신호로 의사소통을 한다.
5	야구 선수들은 수신호를 사용하지 않는다.
7	경찰관은 수신호를 이용하여 교통정리를 한다.
9	백화점 주차창에서 수신호를 하는 주차 안내 요원을 보았다.

뒷자리 번호   1

같은 점 찾기

🐾 다음 냥냥이들이 공통으로 사용하는 것은 무엇인가요?

야구 선수

잠수부

주차 안내

교통경찰

정답 : (   )

냥냥이와 문장대결

🐾 '수신호'라는 어휘를 넣어 괜찬냥과 문장 대결을 펼쳐 볼까요?

 잠수부는 물속에서 수신호를 이용해.

 _____

어휘랑 놀자 41

초성 퀴즈

여행하는 사람들을 태워 나르기 위한 배를 무엇이라고 할까요?

| ㅇ | ㄱ | ㅅ | → | | | |

모르냥이 타고 싶은 것은?

🐾 다음은 모르냥이 타고 싶은 것들과 그것을 타고 싶은 까닭이에요. □ 안에 알맞은 탈것을 쓰세요.

자전거

까닭: 친구들과
공원에서 함께 타고
싶어서

□□□

까닭: 시원한 바닷바람을
맞으면서 독도에 가고
싶어서

기차

까닭: 부산의 해운대
모래사장에서 모래놀이를
하고 싶어서

비행기

까닭: 프랑스에 있는
에펠탑을 보고 싶어서

끝말잇기

끝말잇기를 하면 독도에 갈 수 있대요. 끝말잇기 한번 해 볼까요?

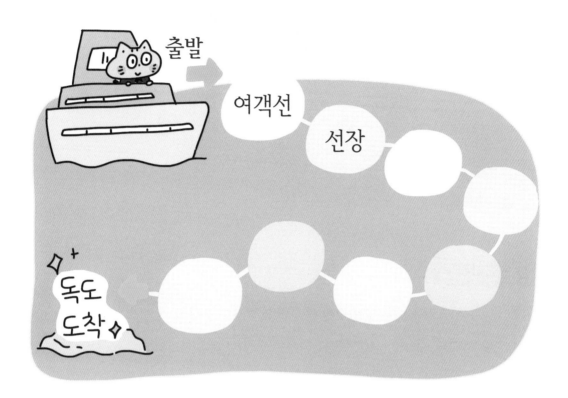

냥냥이와 문장대결 '여객선'이라는 어휘를 넣어 어쩌냥과 문장 대결을 펼쳐 볼까요?

 여객 터미널에서 여객선을 타고 섬에 가요.

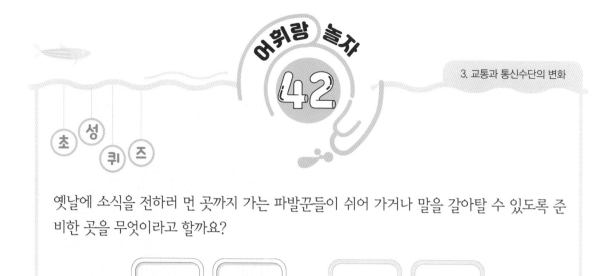

어휘랑 놀자 42

초성퀴즈

옛날에 소식을 전하러 먼 곳까지 가는 파발꾼들이 쉬어 가거나 말을 갈아탈 수 있도록 준비한 곳을 무엇이라고 할까요?

ㅇ ㅊ → ☐ ☐

풍선 연결하기

🐾 다음 중 '역참'에 대해 바르게 설명한 풍선만 예쁘냥의 풍선 줄과 선으로 이어 주세요.

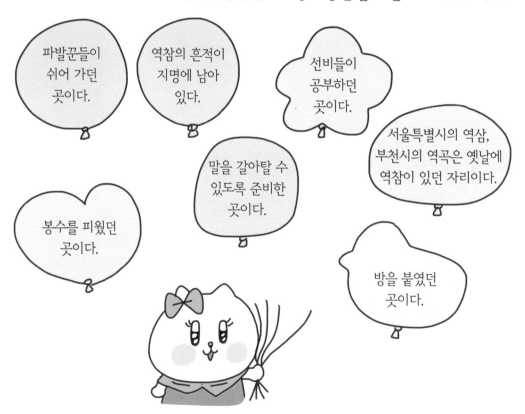

파발꾼들이 쉬어 가던 곳이다.

역참의 흔적이 지명에 남아 있다.

선비들이 공부하던 곳이다.

서울특별시의 역삼, 부천시의 역곡은 옛날에 역참이 있던 자리이다.

말을 갈아탈 수 있도록 준비한 곳이다.

봉수를 피웠던 곳이다.

방을 붙였던 곳이다.

보물찾기

🐾 주사위를 던져 나온 수만큼 이동하고, 이동한 곳에 있는 보물을 가지는 놀이에요. 아래의 보물 상자에 친구들이 모은 보물을 ○표 하세요. (단, 같은 곳에 도착하면 먼저 도착한 사람만 보물을 가질 수 있어요.)

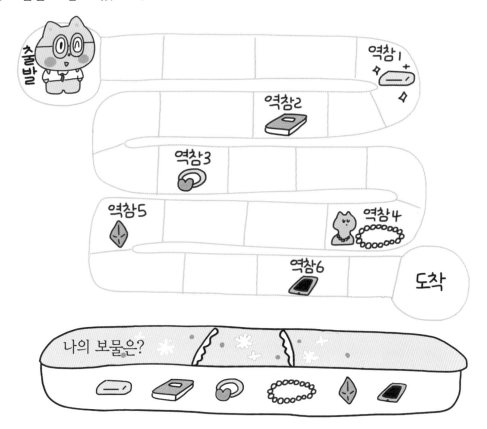

냥냥이와 문장대결

🐾 '역참'이라는 어휘를 넣어 머라냥과 문장 대결을 펼쳐 볼까요?

 옛날에 파발꾼들이 말을 갈아타던 곳을 역참이라고 해.

91

어휘랑 놀자 43

초 성 퀴 즈

강이나 바다와 같이 물이 있는 곳을 제외한 지구의 겉면을 무엇이라고 할까요?

| ㅇ | ㅈ | → | | |

섬 탈출하기

어쩌냥이 '육지'와 관련된 바른 설명이 쓰인 돌을 밟으면 섬에서 탈출할 수 있어요. 어쩌냥이 섬에서 탈출하여 육지에 갈 수 있도록 바른 설명을 모두 연결하여 육지까지 한 줄로 이어 주세요.

출발

울릉도와 독도는 육지에서 멀리 떨어져 있다.

육지의 '육(陸)'은 '뭍 육'으로, 뭍이라고도 한다.

섬도 육지에 포함된다.

육지, 뭍, 땅은 서로 비슷한 말이다.

육지는 강이나 바다와 같이 물이 있는 곳을 제외한 지구의 겉면이다.

육지

'지' 자가 들어간 어휘 만들기

'지' 자를 넣은 어휘 만들기 놀이를 하고 있어요. 친구들의 어휘 실력은 얼마나 풍부한지 시합해 볼까요? 할 수 있는 만큼 빈칸을 채워 보세요.

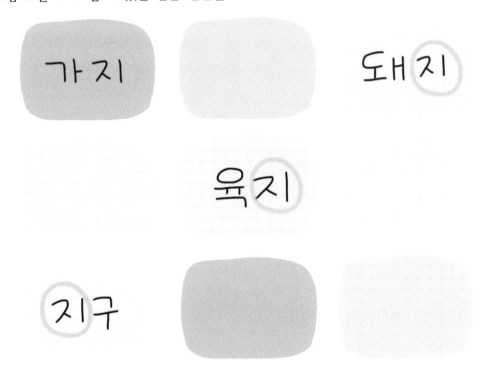

냥냥이와 문장대결 '육지'라는 어휘를 넣어 모르냥과 문장 대결을 펼쳐 볼까요?

 지난 주말에 육지와 섬을 연결하는 다리를 보고 왔어.

영어로 AI라고 하며, 인간의 지능이 가지는 학습, 추리, 적응, 논증 따위의 기능을 갖춘 컴퓨터 시스템을 무엇이라고 할까요?

| ㅇ | ㄱ | ㅈ | ㄴ | → | | | | |

공통 글자 찾기

🐾 다음 빙고 칸 가운데에 공통으로 들어가는 글자를 찾아 적어 주세요. 그리고 각각의 글자를 합하면 어떤 어휘가 되는지 쓰세요.

인사	군인	인간	공사	공부	공항
인천		인상	전공		성공
주인	부인	인사말	공기	공원	주인공

지도	편지	돼지	능력	전능	무능
지렁이		지금	가능		능동
지우개	아버지	가지	재능	기능	만능

정답 | | | |

94

색칠하기

달콤한 맛 사탕과 새콤한 맛 사탕이 마구 섞여 있어요. 인공 지능과 관련된 어휘가 쓰여 있는 것이 달콤한 맛이라고 해요. 예쁘냥이 좋아하는 달콤한 맛의 사탕을 찾아 색칠하세요.

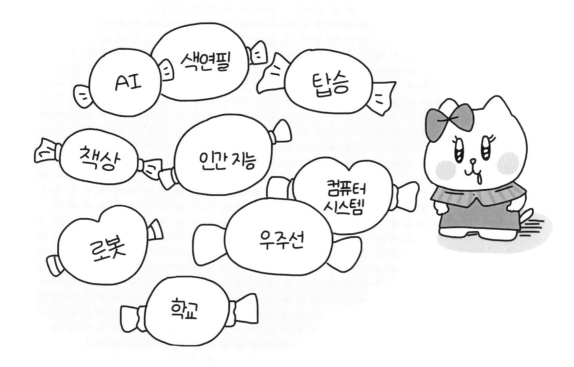

냥냥이와 문장대결

'인공 지능'이라는 어휘를 넣어 알갓냥과 문장 대결을 펼쳐 볼까요?

 인공 지능 청소기가 알아서 청소해 주니까 정말 편리해.

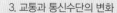

운전자가 직접 운전하지 않고, 차량 스스로 도로에서 달리게 하는 일을 무엇이라고 할까요?

케이크 완성하기

다음은 글자들이 써 있는 글자 케이크예요. 이 글자 케이크에서 '운전자가 직접 운전하지 않고, 차량 스스로 도로에서 달리게 하는 일'을 뜻하는 네 글자의 어휘를 찾아 케이크 꼭대기에 쓰세요. (단, 한 층에 한 글자씩 아래부터 찾아 ○표 하세요.)

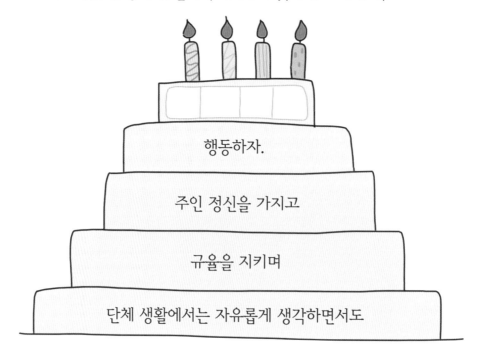

'네, 아니요' 로 답해요

자율 주행에 대한 다음 설명이 맞으면 '네'에, 틀리면 '아니요'에 ○표 하여 예쁘냥이 찾은 말을 완성하세요.

	네	아니요
자율 주행 자동차는 인공지능을 갖추지 않았다.	인	자
자율 주행 자동차는 인공지능을 갖춘 자동차이다.	율	공
안전한 자율 주행 자동차를 계속 개발 중이다.	주	지
자율 주행은 운전자가 직접 자동차를 운전하는 일을 말한다.	능	행

예쁘냥이 찾는 어휘는
(   )(이)야!

냥냥이와 문장대결

'자율 주행'이라는 어휘를 넣어 알갓냥과 문장 대결을 펼쳐 볼까요?

운전자가 직접 운전하지 않아도 스스로 움직이는 자율 주행 자동차는 정말 신기해.

어휘랑 놀자 46

초성퀴즈

배나 비행기, 차 따위에 올라타는 것을 무엇이라고 할까요?

ㅌ ㅅ ⇨ ☐ ☐

끝말잇기

냥냥이들이 끝말잇기 게임을 하고 있어요. 중간에 빠진 어휘를 찾아볼까요?

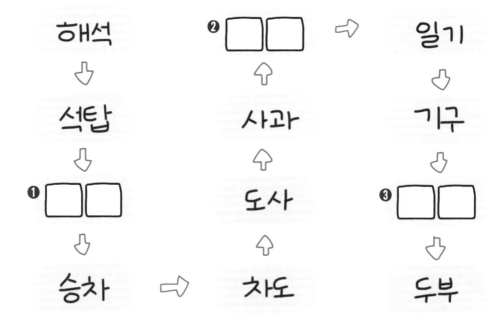

해석
⇩
석탑
⇩
❶ ☐☐
⇩
승차 ⇨ 차도

❷ ☐☐ ⇨ 일기
⇧
사과
⇧
도사
⇧
차도

일기
⇩
기구
⇩
❸ ☐☐
⇩
두부

미로 찾기

🐾 탑승을 하는 교통수단을 찾아야 미로를 빠져나올 수 있어요. 탑승을 하는 교통수단에 ◯표 하면서 길을 찾아보세요.

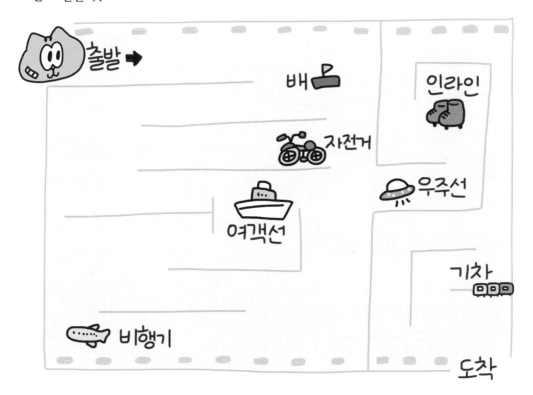

냉냥이와 문장대결 🐾 '탑승'이라는 어휘를 넣어 머라냥과 문장 대결을 펼쳐 볼까요?

 울릉도 가는 여객선 탑승 시간이 언제야?

 _____

소식이나 정보를 주고받을 때 사용하는 방법이나 도구를 무엇이라고 할까요?

| ㅌ | ㅅ | ㅅ | ㄷ | ⇨ | | | | |

스마트폰의 비밀번호를 풀어라!

🐾 괜찬냥이 스마트폰의 비밀번호를 잊어버렸다고 해요. 통신수단에 대한 바른 설명의 번호를 순서대로 적으면 비밀번호가 된대요. 문제를 풀어 괜찬냥을 도와주세요.

비밀번호는

1 ___ 방, 서찰은 오늘날의 통신수단이다.

3 오늘날의 대표적인 통신수단으로 스마트폰, 컴퓨터, 텔레비전 따위가 있다.

5 옛날의 대표적인 통신수단으로 봉수, 파발, 서찰 따위가 있다.

7 소식이나 정보를 주고 받을 때 사용하는 방법이나 도구를 통신수단이라고 한다.

9 스마트폰, 컴퓨터는 교통수단이다.

0 오늘날 통신수단은 정보를 실시간으로 빠르게 전달한다.

시장에 가면 놀이

🐾 알갓냥 집 근처에는 전자제품을 파는 '전자상가'가 있어요. 그 전자상가에 있는 통신수단을 생각하면서 '시장에 가면' 놀이를 완성해 보세요.

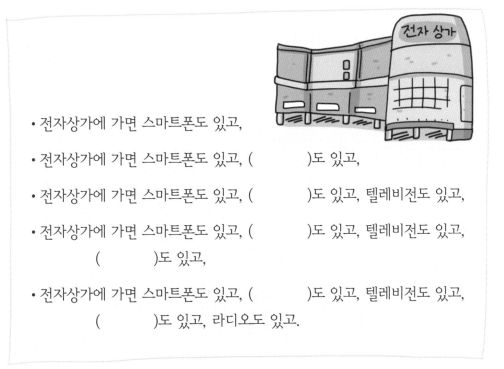

• 전자상가에 가면 스마트폰도 있고,

• 전자상가에 가면 스마트폰도 있고, (   )도 있고,

• 전자상가에 가면 스마트폰도 있고, (   )도 있고, 텔레비전도 있고,

• 전자상가에 가면 스마트폰도 있고, (   )도 있고, 텔레비전도 있고,
(   )도 있고,

• 전자상가에 가면 스마트폰도 있고, (   )도 있고, 텔레비전도 있고,
(   )도 있고, 라디오도 있고.

냥냥이와 문장대결

🐾 '통신수단'이라는 어휘를 넣어 예쁘냥과 문장 대결을 펼쳐 볼까요?

오늘날 과학 기술의 발달로 통신수단이 많이 발달했어.

어휘랑 놀자 48

초 성 퀴 즈

조선 후기에, 나라의 중요한 일을 신속히 전달하려고 설치한 통신수단을 무엇이라고 할까요?

| ㅍ | ㅂ | ⇨ | | |

선으로 연결하기

🐾 다음 어휘에 맞는 설명을 찾아 선으로 이어 주세요.

(1) 파발   ㉠ 역참 사이에서 중요한 문서를 전달하던 사람

(2) 기발   ㉡ 조선 후기에, 나라의 중요한 일을 신속히 전달하려고 설치한 통신수단

(3) 파발꾼   ㉢ 말을 타고 가서 나라의 중요한 문서를 전함

(4) 역참   ㉣ 파발꾼이 쉬거나 말을 갈아타던 곳

파발 구분하기

🐾 다음 냥냥이들의 역할을 보기 에서 찾아 쓰세요.

보기
보발   기발

(1)
얼른 걸어가서 소식을 전해야지!

(2)
말을 타고 가서 소식을 전해야겠어.

냥냥이와 문장대결

🐾 '파발'이라는 어휘를 넣어 모르냥과 문장 대결을 펼쳐 볼까요?

 옛날에는 나라의 중요한 일을 전하는 파발이 있었대.

초 성 퀴 즈

화물을 실어 나르는 배를 무엇이라고 할까요?

선으로 연결하기

다음 연과 어울리는 얼레를 들은 냥냥이를 연줄로 이어 주세요.

십자말풀이

냥냥이들이 낸 문제를 풀어 십자말풀이의 빈칸을 채워 볼까요?

가로 열쇠	세로 열쇠
❶ 대소변을 보는 곳 ❷ 여행하는 사람들을 태워 나르는 배 ❹ 일정한 형체를 갖춘 모든 물질, 대상 ❻ 직업 ○○를 해 오세요! ❽ 물속에서 헤엄치는 일	❶ 화물을 실어 나르는 배 ❸ 생일○○을 받아서 너무 좋아! ❺ 말라서 습기가 없음 ❼ 조심하지 않아서 잘못한 행위

		❶ 화		❼ 실	
				❽	
❷		❸ 선			
		❹	❺ 건		
			❻		

냥냥이와 문장대결

'화물선'이라는 어휘를 넣어 어쩌냥과 문장 대결을 펼쳐 볼까요?

우리나라 자동차를 화물선에 싣고 수출한대.

어휘랑 놀자 50

초 성 퀴 즈

전화나 컴퓨터 따위의 화면을 통하여 상대방을 보면서 하는 통화를 무엇이라고 할까요?

ㅎ ㅅ ㅌ ㅎ → ☐ ☐ ☐ ☐

말판놀이

🐾 가족과 주사위를 던져 나온 수만큼 말을 던져 먼저 도착한 사람이 이기는 놀이를 해 보세요. (틀린 답을 말하면 제자리로 돌아가야 해요.)

출발	운전자가 직접 운전하지 않고, 차량 스스로 도로에서 달리게 하는 일은?	오늘날 사용하는 통신수단 3가지는?	스마트폰은 오늘날 통신수단이고, 컴퓨터는 옛날 통신수단이다. (○, ×)	한판 쉬기
조선 후기에 나라의 중요한 일을 신속히 전달하려고 설치한 통신수단은?	한 칸 앞으로	탑승보다 승차가 더 넓은 의미이다. (○, ×)	텔레비전이나 컴퓨터 따위에서 그림이나 영상이 나타나는 면은?	화물을 실어 나르는 배는?
전화나 컴퓨터 따위의 화면을 통하여 상대방을 보면서 하는 통화는?	인공 지능을 영어로 무엇이라고 하는가?	한번 더!	화상 통화와 비슷한 말은?	도착

냥냥이와 빙고 대결, 고고고!

3학년 1학기 사회 어휘 공부가 모두 끝났어요. 이번에 익힌 어휘들로 빙고놀이를 해 볼까요? 다음 중 25개를 골라 빙고놀이를 하세요.

개항, 검색, 고장, 누리집, 드론, 디지털 영상 지도, 목적지, 백지도, 실제, 안내도, 위치, 인공위성, 주요, 지형지물, 탐방, 고유, 답사, 면담, 명물, 무형, 문화유산, 문화재청, 민담, 유래, 유형, 자긍심, 자연환경, 전통, 지명, 풍습, 훼손, 가마, 관제탑, 교류, 교통수단, 모노레일, 방, 봉수, 서찰, 수신호, 여객선, 역참, 육지, 인공 지능, 자율 주행, 탑승, 통신수단, 파발, 화물선, 화상 통화

냥냥이와 문장대결 '화상 통화'라는 어휘를 넣어 괜찬냥과 문장 대결을 펼쳐 볼까요?

 우리 아빠는 미국에 있는 사람과 화상 통화로 회의를 하셔.

채점기준

초성 퀴즈	정확한 답 1개만 정답이 될 수 있어요!
활동 퀴즈	'정답'을 묻는 문제라면 정확한 답인지 확인하고요, '예시'를 찾는 문제라면 조건에 맞는지 확인하세요.
문장 대결	어휘가 문맥에 어울리는지, 위에 나온 예시 문장과 다른 점이 있는지, 문장의 형태를 갖추었는지 확인하세요.

01 개항   8쪽

초성 퀴즈

개항

깜빡한 어휘를 찾아라

(1) 항구   (2) 개항

'개' 자로 시작하는 말은?

㉔ 개정, 개혁, 개국, 개구리, 개수대, 개울 등

문장 대결

㉔ 개항하면 좋은 점이 많은 것 같아.

02 검색   10쪽

초성 퀴즈

검색

개념 이해하기

책이나 컴퓨터에서 목적에 따라 필요한 자료들을 찾아내는 일을 검색이라고 한다.

✔맞다   틀리다

디지털 영상 지도 검색창에 찾고 싶은 장소를 입력하면 찾고 싶은 곳의 위치를 확인할 수 없다.

맞다   ✔틀리다

인터넷에서 어떤 정보를 검색하기 위해 검색어를 입력하는 공간을 '유리창'이라고 한다.

맞다   ✔틀리다

모르는 어휘는 인터넷에서 검색할 수 있다.

✔맞다   틀리다

검색하고 싶은 주제는?

검색창 / ㉔ 오늘 날씨, 인기 동화, 누리호 발사, 프로야구 순위 등

문장 대결

㉔ 인터넷에서 인기 있는 동화를 검색했어.

03 고장   12쪽

초성 퀴즈

고장

깜빡한 어휘를 찾아라

~~✕~~

길 찾기

문장 대결

㉔ 우리 고장에는 아름다운 산이 있어.

04 누리집   14쪽

초성 퀴즈

누리집

머라냥의 금고를 열어라

274

끝말잇기

❶ 누리집 ❷ (술)래잡기 ❸ 고장

문장 대결

㉔ 난 우리 학교 누리집에서 교가를 찾았어.

05 드론   16쪽

초성 퀴즈

드론

받고 싶은 선물은 뭘까요?

㉔ 드론

색칠하기

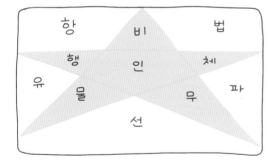

정답 무 인 비 행 물 체

문장 대결

㉔ 드론이 사람 대신 농약을 뿌리는 일을 하기도 해.

06 디지털 영상 지도   18쪽

초성 퀴즈

디지털 영상 지도

어휘 찾기

디 지 털 영 상 지 도

색칠하기

문장 대결

㉔ 디지털 영상 지도는 실제 모습과 비슷해.

07 목적지   20쪽

초성 퀴즈

목적지

생일 초대장 완성하기

1504(호)

어휘 확장하기

㉔

문장 대결

㉔ 택시를 타면 목적지를 말해야 해.

초성 퀴즈

백지도

선으로 연결하기

깜빡한 어휘 찾기

백지도

문장 대결

예 백지도에 우리집을 표시했어.

---

09 실제 24쪽

초성 퀴즈

실제

알맞게 사용한 냥냥이는?

어쩌냥

원반 끝말잇기

예 (사실) - (실제) - 제사 - 사과 - 과일 - 일기 - 기계 - 계곡

문장 대결

예 내가 상상하던 일이 실제로 일어났어.

---

10 안내도 26쪽

초성 퀴즈

안내도

개념 이해하기

미술관을 갈 때는 안내도가 있으면 편리하다.

안내도는 딱 한 가지만 있다.

지난 주말에 가족과 함께 등산 안내도를 보고 등산을 했다.

장소나 행사와 같이 안내하는 내용을 그린 그림을 안내도라고 한다.

선으로 연결하기

문장 대결

예 직업 체험을 하러 가면 먼저 안내도를 살펴봐야 해.

---

11 위치 28쪽

초성 퀴즈

위치

보물찾기

예쁘냥

초성 퀴즈

예 여치, 유치, 이치, 유출, 우측, 운치, 우천 등

문장 대결

예 우리 고장의 전망대는 가장 높은 곳에 위치하고 있어.

---

12 인공위성 30쪽

초성 퀴즈

인공위성

사다리 완성하기

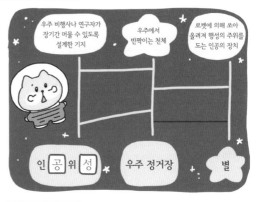

사행시 완성하기

인 - (인사를 잘하고)

공 - 공놀이를 좋아하며

위 - 위험한 놀이는 하지 않는

성 - 성격이 좋은 사람! 바로 나!

문장 대결

예 우리나라는 인공위성 발사에 성공했어.

13 주요 32쪽

초성 퀴즈

주요

적절한 어휘 찾기

(1) 주요, 중요 (2) 주요 (3) 주요 (4) 중요

개구리 어휘 놀이

문장 대결

예 그 영화의 주요 내용을 말해 줄래?

14 지형지물 34쪽

초성 퀴즈

지형지물

계단 어휘 찾기

| 지 | 형 | 지 | 물 |

색칠하기

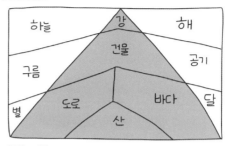

(산) 모양

문장 대결

예 이 지도에서 지형지물 세 가지를 찾아보자.

15 탐방 36쪽

초성 퀴즈

탐방

개념 이해하기

탐방 계획서 만들기

예 • 방송국: 연예인 • 맛집: 음식 • 놀이공원: 놀이기구

문장 대결

예 새로 생긴 도서관을 탐방해보고 싶어.

16 고유 38쪽

초성 퀴즈

고유

꽃잎 완성하기

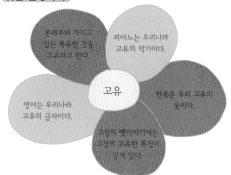

본래부터 가지고 있는 특유한 것을 고유라고 한다.

피아노는 우리나라 고유의 악기이다.

고유

영어는 우리나라 고유의 글자이다.

한복은 우리 고유의 옷이다.

고장의 옛이야기에는 고장의 고유한 특징이 담겨 있다.

어울리지 않는 어휘 고치기

보통 → 고유

문장 대결

㉠ 장구는 우리나라 고유의 악기야.

17 답사 40쪽

초성 퀴즈

답사

어휘를 알려 줘!

괜찮냥

길 찾기

답사할 때 문화유산을 만져도 된다.

사진 촬영을 하면 안 되는 곳에서는 조사할 대상을 그리거나 글로 쓴다.

출발

답사갈 때는 필기도구, 수첩, 사진기, 휴대전화 따위가 필요하다.

설명을 집중해서 듣고 장난치지 않는다.

답사 끝! ♪

경복궁 도착

문장 대결

㉠ 경복궁 답사는 정말 즐거워!

18 면담 42쪽

초성 퀴즈

면담

색칠하기

면담이나 답사를 통해 우리 고장에 대한 정보는 수집하기 어렵다.

면담과 사람은 필요한 말이지만 약간의 차이가 있다.

서로 만나서 이야기하는 것을 면담이라고 한다.

면담은 옛이야기 조사 방법으로 적합하지 않다.

면담하고 싶은 사람은?

㉠ 가수 - 노래를 어떻게 하면 잘 부를 수 있는지 배우고 싶어서

야구 선수 - 가장 많이 하는 기초 운동을 알고 싶어서

문장 대결

㉠ 친척 언니와 면담을 했어.

19 명물 44쪽

초성 퀴즈

명물

생일 선물은 뭘까요?

호떡

우리 고장 명물은?

㉠ 우리 고장의 명물은 복숭아!

문장 대결

㉠ 나는 우리 고장의 명물인 호떡을 좋아해.

20 무형 46쪽

초성 퀴즈

무형

공통 어휘 찾기

무형

개념 이해하기

금관 부채춤 줄타기

불상 석가탑

경복궁 고인돌

판소리 첨성대

문장 대결

㉠ 형상이나 형태가 없는 것을 무형이라고 해.

21 문화유산 48쪽

초성 퀴즈

문화유산

뒷글자를 알려 줘!

❶ (가)치 ❷ (유네)스코

글자탑 완성하기

문 화 유 산
산뜻하게 하루를 시작해요.
여유있게 바람도 쐬면서
화사한 햇빛을 받으며
창문을 열고

문장 대결

㉘ 판소리는 우리나라 무형 문화유산이야.

22 문화재청 50쪽

초성 퀴즈

문화재청

사다리 타기

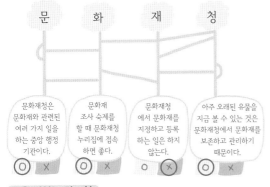

문 화 재 청

문화재청은 문화재와 관련된 여러 가지 일을 하는 중앙 행정 기관이다. ◎

문화재 조사 숙제를 할 때 문화재청 누리집에 접속 하면 좋다. ✕

문화재청 에서 문화재를 지정하고 등록 하는 일은 하지 않는다. ✕

아주 오래된 유물을 지금 볼 수 있는 것은 문화재청에서 문화재를 보존하고 관리하기 때문이다. ◎

뜻을 더하는 말 - 청

㉘ 경찰 + 청 = 경찰청, 기상 + 청 = 기상청, 검찰 + 청 = 검찰청, 국세 + 청 = 국세청, 통계 + 청 = 통계청, 병무 + 청 = 병무청 등

문장 대결

㉘ 문화재청 누리집에 들어가서 문화재청이 하는 일을 좀 더 알아볼 거야.

23 민담 52쪽

초성 퀴즈

민담

길 찾기

출발!

우리 고장에 전해 내려오는 옛이야기는 지명, 노래, 민담, 전설 등 다양한 형태로 남아 있다.

민담을 통해 우리 고장 사람들의 생활 모습을 알 수 있다.

민담은 우리 고장에만 전해온다.

민담은 누가 지었는지 작가를 알 수 있다.

도착

'담' 자가 들어간 어휘 만들기

㉘ 상담, 돌담, 꽃담, 담양, 담소, 담임 등

문장 대결

㉘ 할머니께서 들려주신 민담이 너무 재미있었어.

24 유래 54쪽

초성 퀴즈

유래

비슷한 말 찾기

예뽀냥

십자말풀이

❶고				
❷장	난	❸감		
		❹사	❺고	
			❻유	래

문장 대결

㉘ 송편의 유래를 알아볼 거야.

초성 퀴즈

유형

시장에 가면 놀이

예 옛날 책, 금 귀걸이, 금속 활자, 옛날 그림, 옛날 옷, 농기구 등

미로 찾기

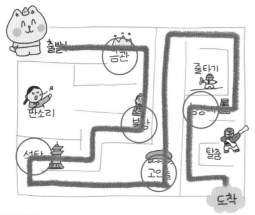

문장 대결

예 박물관에는 많은 유형 문화유산들이 있어.

26 자긍심 58쪽

초성 퀴즈

자긍심

공통 어휘 찾기

자긍심

다섯 고개 놀이

자긍심

문장 대결

예 나는 항상 자긍심을 가지려고 노력해.

27 자연환경 60쪽

초성 퀴즈

자연환경

노트북의 비밀번호를 찾아라!

1356

공통 글자 찾기

자, 연, 환, 경 / 자연환경

문장 대결

예 우리는 모두 자연환경을 보호해야 해.

28 전통 62쪽

초성 퀴즈

전통

현관문을 열어라!

알맞게 사용한 냥냥이는?

알갓냥

문장 대결

예 송편은 우리나라 전통 음식이야.

29 지명 64쪽

초성 퀴즈

지명

난 무엇일까요?

지명

선으로 연결하기

문장 대결

예 우리 고장의 지명을 조사해보자.

30 풍습 66쪽

초성 퀴즈

풍습

개념 이해하기

풍속, 관습, 풍습은 비슷한 말이다.
√ 맞다   틀리다

설날에 떡국을 먹고 세배하는 풍습이 있다.
√ 맞다   틀리다

설날에는 햅쌀로 송편을 만들어 조상님께 제사를 지내는 풍습이 있다.
맞다   √ 틀리다

풍습은 옛날부터 전해오는 것들이 많다.
√ 맞다   틀리다

비슷한 말 찾기

자	긍	심	지	명
민	풍	무	형	물
면	담	속	유	고
유	휘	탐	형	관
래	손	방	풍	습

문장 대결
예 추석에는 햇곡식으로 송편을 만들어 차례를 지내는 풍습이 있어.

---

31 훼손   68쪽

초성 퀴즈
훼손

캠페인 문구 쓰기
예 △△암각화를 훼손하지 말고 소중히 여기자!

서약서 쓰기
예 둘째, 문화유산을 답사할 때 뛰어다니지 않고 장난치지 않겠습니다.
셋째, 문화유산에 낙서하지 않겠습니다. 등

문장 대결
예 소중한 문화유산을 훼손하지 말자.

---

32 가마   70쪽

초성 퀴즈
가마

난 무엇일까요?
가마

숫자 연결하기
가마

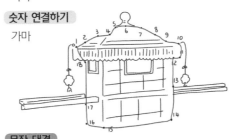

문장 대결
예 옛날에 신부는 가마를 타고 시집을 갔어.

---

33 관제탑   72쪽

초성 퀴즈
관제탑

색칠하기

공항에는 탑처럼 생긴 관제탑이라는 높은 건물이 있다.

관제탑은 전체를 잘 볼 수 있는 위치에 있다.

관제탑은 바다가 있는 항구에서 볼 수 있다.

관제탑에서 비행기가 뜨고 내리는 것을 지시하고 통제한다.

명탐정 냥냥이

문장 대결
예 관제탑은 높아서 멀리서도 잘 보여.

34 교류 74쪽

초성 퀴즈
교류

첫말잇기
예 교통, 교차로, 교육, 교환 등

적절한 어휘 찾기
예쁘냥 - 교류: 우리가 필리핀산 망고를 먹을 수 있는 건 외국과의 교류 때문이야.

모르냥 - 교환: 새로 산 옷이 작아서 교환했어.

알갓냥 - 문화: BTS는 음악을 통해 다른 나라와 문화 교류를 하고 있어.

문장 대결
예 우리 고장은 다른 고장과 교류를 하고 있어.

35 교통수단 76쪽

초성 퀴즈
교통수단

사다리 타기
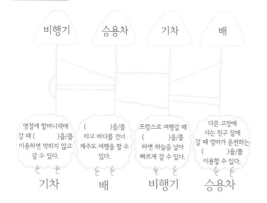

비행기　　승용차　　기차　　배

명절에 할머니댁에 갈 때 (　　)을/를 이용하면 막히지 않고 갈 수 있다. → 기차

(　　)을/를 타고 바다를 건너 제주도 여행을 할 수 있다. → 배

프랑스로 여행갈 때 (　　)을/를 타면 하늘을 날아 빠르게 갈 수 있다. → 비행기

다른 고장에 사는 친구 집에 갈 때 엄마가 운전하는 (　　)을/를 이용할 수 있다. → 승용차

노래 가사 바꾸기
예 우리 주변 교통수단 무엇이 있을까

바다를 건널 땐 배-를 이용해 정-말 편리해

문장 대결
예 난 교통수단 중 비행기가 제일 좋아.

36 모노레일 78쪽

초성 퀴즈
모노레일

색칠하기
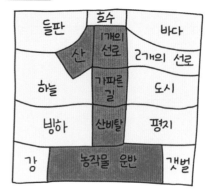

어휘를 알려 줘!
❶ 철도　❷ 교통　❸ 농부

문장 대결
예 모노레일은 특별한 교통수단이야.

37 방 80쪽

초성 퀴즈
방

숫자 퍼즐

3	3	3	3	3	3	3
2	1	2	2	1	2	2
2	1	1	1	2	1	1
2	1	2	1	2	1	2
2	1	1	1	2	1	2
2	2	2	2	2	2	2
2	1	2	1	1	2	2
2	1	2	2	2	1	2
3	3	1	1	1	3	2
3	3	3	3	3	3	3

방

같은 어휘, 다른 뜻
방

문장 대결
예 옛날의 '방'은 오늘날의 '벽보'와 같아.

38 봉수 82쪽

초성 퀴즈
봉수

벌집 모양 끝말잇기

예)

전철 · 철봉 · 봉수 · 수학 · 학교 · 학생 · 교사 · 사랑 · 사자 · 거봉 · 수박 · 박사 · 사과

봉수대의 개수 알기

연기, 횃불

상황	봉수대 개수
평상시	🔥
적이 국경 지대에 나타났을 때	🔥🔥
적이 국경에 가까이 왔을 때	🔥🔥🔥
적이 쳐들어올 때	🔥🔥🔥🔥
적과 싸움이 시작됐을 때	🔥🔥🔥🔥🔥

문장 대결

예) 옛날에는 봉수가 중요한 통신수단이었어.

39 서찰 84쪽

초성 퀴즈

서찰

어울리지 않는 어휘 고치기

편지 → 서찰

말풍선을 완성하라!

예)

대감마님! 도련님의 서찰이옵니다.

그래! 알갓냥이 과거에 합격했다는 소식이구나. 하하하! 우리 집에 경사가 났네.

문장 대결

예) 그 사람은 옷 속에서 서찰을 꺼냈어.

40 수신호 86쪽

초성 퀴즈

수신호

휴대 전화번호 뒷자리 알아맞히기

(1)379

같은 점 찾기

수신호

문장 대결

예) 수신호를 사용하는 사람들이 있어.

41 여객선 88쪽

초성 퀴즈

여객선

모르냥이 타고 싶은 것은?

여객선

끝말잇기

예) (여객선) - (선장) - 장사 - 사용 - 용서 - 서찰 - 찰떡 - 떡방아

문장 대결

예) 여객선을 타고 울릉도에 갔어.

42 역참 90쪽

초성 퀴즈

역참

풍선 연결하기

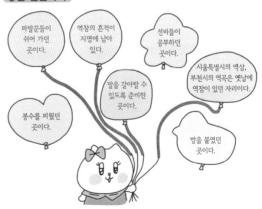

파발꾼들이 쉬어 가던 곳이다.

역참의 흔적이 지명에 남아 있다.

선비들이 공부하던 곳이다.

말을 갈아탈 수 있도록 준비한 곳이다.

시울특별시의 역삼, 부천시의 역곡은 옛날에 역참이 있던 자리이다.

봉수를 피웠던 곳이다.

방을 붙였던 곳이다.

117

보물찾기

생략

문장 대결

예 역참의 흔적이 남아 있는 지명이 있어.

43 육지 92쪽

초성 퀴즈

육지

섬 탈출하기

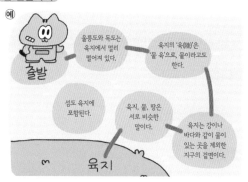

예

울릉도와 독도는 육지에서 멀리 떨어져 있다.

육지의 '육(陸)'은 뭍 육으로, 뭍이라고도 한다.

섬도 육지에 포함된다.

육지, 뭍, 땅은 서로 비슷한 말이다.

육지는 강이나 바다와 같이 물이 있는 곳을 제외한 지구의 겉면이다.

'지' 자가 들어간 어휘 만들기

예 거지, 강아지, 멧돼지, 송아지, 망아지, 지우개 등

문장 대결

예 내가 살고 있는 곳은 육지야.

44 인공 지능 94쪽

초성 퀴즈

인공 지능

공통 글자 찾기

인, 공, 지, 능 / 인공 지능

색칠하기

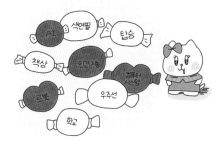

45 자율 주행 96쪽

문장 대결

예 우리 집에서는 인공 지능으로 전등을 켜고 끌 수 있어.

초성 퀴즈

자율 주행

케이크 완성하기

자 율 주 행

행동하자.

주의 정신을 가지고

규율을 지키며

단체 생활에서는 자유롭게 생각하면서도

'네, 아니요'로 답해요

	네	아니요
자율 주행 자동차는 인공지능을 갖추지 않았다.	인	자
자율 주행 자동차는 인공지능을 갖춘 자동차이다.	율	공
안전한 자율 주행 자동차를 계속 개발 중이다.	주	지
자율 주행은 운전자가 직접 자동차를 운전하는 일을 말한다.	능	행

자율 주행

문장 대결

예 머지않아 자율 주행 자동차를 탈 수 있을 거야.

46 탑승 98쪽

초성 퀴즈

탑승

끝말잇기

❶ 탑승 ❷ 과일 ❸ 구두

미로 찾기

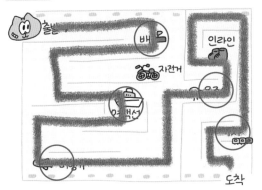

문장 대결

㉠ 파리행 비행기에 탑승할 시간이야.

 통신수단　　　　　　100쪽

초성 퀴즈

통신수단

스마트폰의 비밀번호를 풀어라!

3570

시장에 가면 놀이

㉠ 컴퓨터, 태블릿 PC 등

문장 대결

㉠ 오늘날 통신수단이 없다면 정말 불편할 거야.

 파발　　　　　　102쪽

초성 퀴즈

파발

선으로 연결하기

파발 구분하기

(1) 보발　(2) 기발

문장 대결

㉠ 파발에는 기발과 보발이 있어.

 **화물선**　　　　　　104쪽

초성 퀴즈

화물선

선으로 연결하기

십자말풀이

		❶화	장	❼실	
		물		❽수	영
❷여	객	❸선			
		❹물	❺건		
			❻조	사	

문장 대결

㉠ 항구에 거대한 화물선이 있어.

화상 통화　　　　　　106쪽

초성 퀴즈

화상 통화

말판놀이

출발	자율 주행	스마트폰, 컴퓨터, 텔레비전, 라디오 등	×	한판 쉬기
파발	한 칸 앞으로	×	화면	화물선
화상 통화	AI	한번 더!	영상 통화	도착

냥냥이와 빙고 대결, 고고고!

생략

문장 대결

㉠ 시골 할머니와 화상 통화를 했어.

1판 1쇄 펴냄 | 2023년 1월 5일

기   획 | 이은경
글 | 이은경·안수정
그   림 | 김재희
발행인 | 김병준
편   집 | 이현주·박유진
마케팅 | 김유정·차현지
디자인 | 김용호·권성민
발행처 | 상상아카데미

등록 | 2010. 3. 11. 제313-2010-77호
주소 | 서울시 마포구 독막로 6길 11(합정동), 우대빌딩 2, 3층
전화 | 02-6953-8343(편집), 02-6925-4188(영업)
팩스 | 02-6925-4182
전자우편 | main@sangsangaca.com
홈페이지 | http://sangsangaca.com

ISBN 979-11-85402-72-7 (64080)
       979-11-85402-70-3 (64080) (세트)